前　言

　　省情是一个省的自然、地理、政治、经济、文化、社会发展等方面历史、现状和发展规律的综合反映。正确认识和科学把握省情,是各级领导干部必须解决的一个重大问题。为了帮助在中共江西省委党校(江西行政学院)参加培训学习的学员、在职研究生及全省各级领导干部正确认识省情,科学把握省情,我们编写了本年度《江西省情资料手册(2025年版)》。本手册主要展示我省经济社会发展总体概况,力求做到覆盖面广、内容简洁、易于查询、携带方便,一册在手,省情尽知。

　　本手册主要包括基本省情、发展格局、专题资料、比较资料四个篇章内容。引用的数据和资料主要来源于《江西省2024年国民经济和社会发展统计公报》和省委省政府有关文件、政府工作报告、政府网站以及省统计局和有关部门发布的资料,同时吸收了各种报道和研究文章的相关内容。在选择上遵循权威性和共识性,在表述上力求规范和通俗。有些数据在正式引用时需以《江西统计年鉴》为准。由于部分数据获取难、水平所限,本手册数据的选择难免存在一定疏漏乃至误差,恳请各位领导、专家和广大读者提出宝贵意见。

编者
2025 年 4 月

江西省情资料手册

中共江西省委党校
江西行政学院 编

JIANGXISHENGQING ZILIAOSHOUCE

2025年版

江西人民出版社
Jiangxi People's Publishing House
全国百佳出版社

图书在版编目（CIP）数据

江西省情资料手册：2025 年版／中共江西省委党校，江西行政学院编. -- 南昌：江西人民出版社，2025.6.
ISBN 978-7-210-16459-3

Ⅰ．K925.6

中国国家版本馆 CIP 数据核字第 2025ZE9608 号

江西省情资料手册：2025 年版

中共江西省委党校　江西行政学院　编

策 划 编 辑：	涂如兰
责 任 编 辑：	胡　悦
封 面 设 计：	同异文化传媒　王梦琦

 出版发行

地　　　　址：	江西省南昌市三经路47号附1号（邮编：330006）
网　　　　址：	www.jxpph.com
电 子 信 箱：	850117201@qq.com
编辑部电话：	0791-86893196
发行部电话：	0791-86899915
承　印　厂：	江西茂源艺术印刷有限公司
经　　　销：	各地新华书店

开　　　本：	787毫米×1092毫米　1/32
印　　　张：	5.5
字　　　数：	63千字
版　　　次：	2025年6月第1版
印　　　次：	2025年6月第1次印刷
书　　　号：	ISBN 978-7-210-16459-3
定　　　价：	26.00元

赣版权登字-01-2025-285

版权所有　侵权必究

赣人版图书凡属印刷、装订错误，请随时与江西人民出版社联系调换。
服务电话：0791-86898820

目 录

基本省情篇

一、区域概况 …………………（3）

1. 自然地理 …………………（3）
2. 自然资源 …………………（7）
3. 历史沿革 …………………（12）
4. 红色摇篮 …………………（16）
5. 人口、民族与方言 …………（19）
6. 行政区划 …………………（22）

二、经济建设 …………………（25）

1. 经济综合 …………………（25）
2. 农业 ………………………（27）
3. 工业 ………………………（30）
4. 建筑业和房地产业 ………（35）
5. 服务业 ……………………（36）
6. 能源 ………………………（40）

7. 对外开放 …………………… (41)

三、社会建设 …………………… (43)

1. 就业形势 …………………… (43)
2. 城乡建设 …………………… (43)
3. 居民生活 …………………… (48)
4. 社会保障 …………………… (49)
5. 科技教育 …………………… (50)
6. 文化旅游 …………………… (52)
7. 卫生体育 …………………… (53)

四、生态文明 …………………… (55)

1. 生态保护和修复 …………… (55)
2. 绿色低碳转型 ……………… (58)
3. 生态产品价值实现 ………… (60)
4. 秀美江西 …………………… (64)

五、党的建设 …………………… (66)

1. 基本情况 …………………… (66)
2. 党风廉政建设 ……………… (70)
3. 红色基因传承 ……………… (75)

发展格局篇

一、各设区市经济社会发展比较 …（83）

1. 近三年各市地区生产总值及增长率 ……………………………（83）
2. 近三年各市一般公共预算收入及增长率 ……………………………（84）
3. 近三年各市规模以上工业增加值增长率 ……………………………（85）
4. 近三年各市社会消费品零售总额及增长率 ……………………………（86）
5. 近三年各市出口总额及外商直接投资实际使用金额 ……………（87）
6. 近三年各市城镇居民人均可支配收入及增长率 ……………………（88）
7. 近三年各市农村居民人均可支配收入及增长率 ……………………（89）

二、县(市、区)域经济 ……………（90）

1. 总体情况 ……………………（90）
2. 县域经济差异分析 …………（106）

专题资料篇

一、中共江西省委十五届六次全会 ………………………………………（111）

二、中共江西省委十五届七次全会 ………………………………………（117）

三、2024年江西经济社会发展主要成绩 ………………………………………（124）

四、2025年江西经济社会发展目标及任务 ………………………………………（132）

比较资料篇

一、在全国的位置 ……………（141）

1. 全国总体情况（不含港澳台地区）………………………………………（141）

2. 全国各省情况 ………（147）

3. 江西与全国比较 ………（157）

二、中部六省比较 ……………（160）

1. 综合经济（GDP） ………（160）

2. 地方财政收入 ……………… （160）

3. 全社会固定资产投资 ………… （161）

4. 实际利用外商直接投资 ……… （161）

5. 社会消费品零售总额 ………… （162）

6. 外贸出口 ……………………… （162）

7. 城镇居民人均可支配收入 …… （162）

8. 农村居民人均可支配收入 …… （163）

后 记 ………………………………（164）

基本省情篇

一、区域概况

1. 自然地理

(1) 方位

● 江西简称"赣",因公元733年唐玄宗设江南西道而得省名,又因为江西最大河流为赣江而得简称,是中国内陆省份之一。

● 江西地处中国东南偏中部长江中下游南岸,北纬24°29′至30°04′、东经113°34′至118°28′之间,古有"吴头楚尾,粤户闽庭"之称,乃"形胜之区"。东邻浙江、福建,南连广东,西靠湖南,北毗湖北、安徽而共接长江。江西为长江三角洲、珠江三角洲和闽南三角地区的腹地,与上海、广州、厦门、南京、武汉、长沙、合肥等各重镇、港口,均在 2~3 小时经济圈之内。

(2) 面积

● 国土总面积 16.69 万平方公里,占全国总面积的 1.74%,居华东各省市之首,全国第 18 位。

(3) 地形

● 江西境内地势南高北低,边缘群山环绕,中部丘陵起伏,北部平原坦荡,四周渐次向鄱阳湖区倾斜,形成南窄北宽以鄱阳湖为底部的盆地状地形。

● 全省地形大致为"六山一水二分田,一分道路和庄园"。全境以山地、丘陵为主,山地占全省总面积的 36%,丘陵占 42%,平原占 12%,水面占 10%。

● 东北部有怀玉山,东部有武夷山,南部有大庾岭和九连山,西部有罗霄山脉,西北部有幕阜山和九岭山。

● 江西最高海拔:武夷山脉主峰黄岗山(2160.8 米),在铅山县境内。

(4) 河流、湖泊

- 境内水系主要属长江流域。全境有大小河流2400余条,总长1.8万余千米,大部分河流汇向鄱阳湖,再注入长江。

- 主要河流有5条,即赣江、抚河、信江、修河、饶河。赣江全长751千米,为本省第一大河,水量为长江第二大支流,自南而北流贯全省,从赣州至湖口而入长江,通航里程5000余千米。

- 鄱阳湖是全国最大的淡水湖,是国家级自然保护区,被称为"大陆之肾""白鹤世界""珍禽王国"。鄱阳湖水系流域面积16.22万平方公里,相当于全省总面积的97%,约占长江流域面积的9%。经鄱阳湖调蓄注入长江的多年平均水量1457亿立方米,占长江总水量的15.5%。

(5) 气候

- 江西位于长江以南,纬度较低,属亚热带季风湿润气候,四季分明且天气复杂多变。冬季冷空气活动频繁;春季多对流性天气;4~6月降水集中,是江西的雨季,这时期易发生洪涝灾害;雨季结束后全省主要受副热带高压控制,天气以晴热高温为主,常有干旱发生。7~8月有时受台风影响,会出现较明显降水。秋季晴天多、湿度较小、气温适中,是江西省一年中最宜人的季节。

● 2024年全省平均气温19.3 ℃,较历年同期偏高1.0 ℃,为1961年以来第2位;最冷月1月平均气温6.1 ℃,最热月7月平均气温28.8 ℃,极端最低气温为-18.9 ℃(1969年2月6日出现在彭泽县),极端最高气温为44.9 ℃(1953年8月15日出现在修水县)。

● 2024年全省平均降水量1834.6毫米,偏多0.7成;年平均日照时数1721.4小时;年无霜期平均天数272天。

2. 自然资源

(1) 矿产资源

● 江西是环太平洋成矿带的组成部分,成矿地质条件优越,矿产资源丰富。早在一万年前的新石器时代,先民们就利用陶土烧制绳纹陶器;三千多年前的商代,就能制造青铜器;唐宋时期铜、银、金、锡、铅等矿业采冶业已臻鼎盛,继之煤矿开采誉载江南。

● 江西地下矿藏丰富,是我国矿产资源配套程度较高的省份之一。储量居全国前三位的有铜、钨、银、钽、钪、铀、铷、铯、金、伴生硫、滑石、粉石英、硅灰石等。铜、钨、铀、钽、稀土、金、银被誉为江西的"七朵金花"。

◆ 能源矿产:煤、石煤、地热、铀、钍等。

◆ 黑色金属矿产:铁、锰、钛、钒等。

◆ 有色金属矿产:金、银、铜、铅、锌、铝、镁、镍、钴、钨、锡、铋、钼、锑等。

◆ 稀土元素金属矿产：钽、铌、铍、锂、铷、铯、锆等。

◆ 稀散元素金属矿产：锗、镓、铟、铊、镉、硒、碲、铋、钪、铼等。

◆ 非金属矿产：萤石、硫、磷、岩盐、水泥用灰岩、滑石、硅灰石、石膏、高岭土、膨润土、透闪石等。

◆ 水气矿产：矿泉水、地下水等。

◆ 江西主要以隆起断裂型地热资源为主，其中地热水资源分布范围较广，分布于全省11个设区市、57个县（市、区）。

（2）水资源

● 江西是长江流域的重要省份之一，全省97.7%的面积属于长江流域，水资源比较丰富，多年平均降雨量1638毫米，多年平均水资源量1565亿立方米。全境10平方公里以上河流有3700多条，2平方公里以上湖泊有70余个，人均拥有水量和高于全国平均水平。

(3) 土地资源

● 根据地域特征、土地利用主导方向等,全省划分为:赣北、赣西北、赣东北、赣中西、赣中东、赣南等六个土地利用区域。

◆ 赣北平原区:占全省土地总面积的22.6%;赣西北山地丘陵区:占17.7%;赣东北丘陵山地区:12.5%;赣中西山地丘陵盆地区:14.4%;赣中东山地丘陵区:9.3%;赣南山地丘陵区:23.5%。

● 全省主要地类(江西省第三次全国国土调查数据显示):

◆ 耕地:272.16万公顷(4082.43万亩)。其中,水田227.05万公顷(3405.73万亩),水浇地0.41万公顷(6.21万亩),旱地44.70万公顷(670.49万亩)。

◆ 园地:57.24万公顷(858.62万亩)。

◆ 林地:1041.37万公顷(15620.57万亩)。

◆ 草地:8.87万公顷(133.03万亩)。

◆ 城镇村及工矿用地:110.36万公顷

（1655.46万亩）。

◆交通运输用地:34.98万公顷(524.70万亩)。

◆湿地、水域及水利设施用地:131.83万公顷(1977.35万亩)。

(4)植物资源

●植物系统演化中各个阶段的代表植物在江西均有分布,同时发现不少具有原始性状的古老植物,如"活化石"银杏等。

●江西森林覆盖率63.35%,活立木蓄积量7.10亿立方米,活立竹总株数26.86亿根,均位居全国前列。

●全省森林多属天然次生林,针叶林面积比重大,杉木、马尾松、樟树为本省主要乡土树种;油茶、板栗、脐橙、柑橘为本省主要经济林树种。

●截至2024年底,江西有国家公园1处(武夷山国家公园江西片区),自然保护区190处(国家级15处),森林公园182

处(国家级50处),湿地公园109处(国家级40处)。

● 分布于宜春市的落叶木莲为我省特有树种,是木兰科木莲属唯一落叶的乔木植物;东乡区的野生稻为近代水稻始祖,是我国分布最北的野生稻;南昌金荞麦、鄱阳湖蒓菜、彭泽中华水韭、宜黄水蕨、赣南野生茶、九江野生莲均为国内珍稀物种;萍乡市的长红檵木母树,树龄300多年,为世界仅存的长红檵木母树。

(5) **野生动物资源**

● 江西已知野生脊椎动物1007种。

◆ 哺乳类105种,约占全国的21%。

◆ 鸟类580种,约占全国的40%。

◆ 爬行类77种,约占全国的20%。

◆ 两栖类40种,约占全国的14%。

◆ 鱼类205种,约占全国的5.9%。

● 鄱阳湖是闻名世界的水鸟越冬地,每年到鄱阳湖越冬的候鸟多达60万~70万只。其中,国家Ⅰ级保护鸟类25种、国家Ⅱ级保护鸟类88种;越冬白鹤最高数量达4000余只,约占全球的98%。

◆鄱阳湖长江江豚约450头,约为整个长江江豚数量的一半。

3. 历史沿革

● 旧石器时代末期向新石器时代早期转变:鄱阳湖周边和赣江中下游许多地区已有远古人类繁衍生息。代表性遗址:万年仙人洞遗址、吊桶环遗址。

● 新石器时代:普遍以农业经济为主,而且以栽培水稻为主要生产活动,也狩猎和捕鱼。代表性遗址:筑卫城遗址。

● 商周时期:瑞昌铜岭、樟树吴城、新干大洋洲等商周遗址的考古发现,打破了"商文化不过长江"的定论,表明当时赣江中下游地区已经具有了较为发达的农业和手工业,有着一支与中原地区并驾齐驱的青铜文明。代表性遗址:吴城商代青铜文化遗址。

- **春秋战国时期**：江西谓之"吴头楚尾"，主要是指赣北地区；赣南地区称为"百越之地"。

- **秦汉时期**：秦朝设立九江郡，辖境内有赣北、赣中、赣南。赣西则由长沙郡管辖。江西境内的行政区划由西汉时期的 1 郡 18 县，发展到东汉末年的 3 郡 35 县，初步奠定了今天江西省行政区的规模。

- **魏晋南北朝时期**：孙氏东吴在江西设 6 郡，属扬州，江西还不是直属中央的州级独立行政单位。两晋时期，境内设江州，从此江西作为直属中央州一级的独立行政机构。南朝 4 代各朝统治者仍加强对江州的控制。

- **隋唐五代时期**：隋朝改豫章郡为洪州，置总管府，这是江西设立军政统一管理体制的总管府的开始。唐朝在地方行政机制是"道"制，江南西道的治所在洪州

(今南昌),简称江西道,"江西"由此得名,设9州49县。五代更替,江西仍为吴、南唐割据区域。隋唐五代使江西与大中国历史发展同步,创造出远超前代的物质文明与精神文明。

● 宋元明时期:北宋时期是江西行政区划发展的全盛时期,共有13州军,管辖65县;南宋江西全境为9州4军,下辖68县。到了元朝,江西是全国10个行省之一,省辖18路、9州、13个路属州和78县,辖境跨越南岭南北,包括今江西大部和广东大部。明朝江西布政司下辖13府、78县,除婺源外相当于今日的江西区域范围。此时的鄱阳湖及赣江成为南北物资交流的重要通道。江西作为一个完整的行政区域已完全确立为国家的重要财富基地,并涌现出大批精英人才,文化事业步入全国先进行列,呈现出"江西填湖广"的人口流动局面。

- 清朝时期:清初期改"江西布政使司"为"江西省",辖13府、1直隶州、77县,江西进入了一个相对稳定的发展时期。清中晚期,尤其是随着帝国主义的侵入、手工业的加速破产,江西经济、文化地位下降,边缘化趋势开始显现。辛亥革命后的第13天,九江宣布独立,这是继湖南、陕西之后全国第三个宣布独立的地方。之后,江西同盟会武装起义,宣布江西独立,标志着清朝在江西的统治结束。

- 民国时期:1913年7月,北洋军阀开始了对江西14年的统治。在1927年到1934年的7年中,江西是中国共产党领导土地革命的主要地区,革命根据地的斗争引导了中国的前进方向和历史命运。抗战时,全省60多县先后遭到日军侵扰,江西人民对日寇进行了艰苦卓绝的斗争。

- 1949年5月22日,二野第四兵团第三十七师解放南昌。6月16日,江西省人民政府成立,邵式平为主席,范式人、方志纯为副主席。6月19日,中共江西省委成立,陈正人为书记,范式人、杨尚奎为副书记。6月25日,江西军区成立,陈奇涵为司令员,杨国夫为副司令员。9月30日,四野第十五兵团第四十八军解放石城。至此,江西全境均获解放。

4. 红色摇篮

● 1922年2月,在安源成立了中共第一个工人党支部。同年9月14日,在毛泽东、李立三、刘少奇等领导下,组织了安源路矿工人大罢工,使安源成为中国工人运动的策源地。

● 1927年8月1日,周恩来、贺龙、叶挺、朱德、刘伯承等同志领导下的"八一南昌起义",打响了中国共产党武装反抗国民党反动派的第一枪,成为中国共产党独立领导革命战争、创建人民军队和武装夺取政权的开端。

- 1927年9月9日,毛泽东以中央特派员身份领导发动了湘赣边界秋收起义,第一次在武装斗争中公开打出中国共产党的旗帜。同年10月27日,由毛泽东率领的秋收起义部队,经三湾改编后,到达井冈山。1928年4月下旬,由朱德、陈毅率领的南昌起义军余部和湘南起义农军到达井冈山,与毛泽东所率领的秋收起义部队会师,在井冈山创建了中国第一个农村革命根据地。

- 1931年11月,中华苏维埃第一次全国代表大会在瑞金召开,中华苏维埃共和国临时中央政府成立,毛泽东任临时中央政府主席,中国历史上第一个全国性红色政权诞生了。

- 1934年10月,红军主力长征后,留下的红军、游击队和党政工作人员在项英、陈毅等同志和各地党组织的领导下,在江西及其周边七省同国民党反动派五六十个师的兵力进行了艰苦卓绝的斗争。1934年到1937年的南方三年游击战争,同二万五千里长征一样证明了中国共产党领导下的工农红军是一支伟大的革命力量。

● 土地革命战争时期,江西是中国共产党领导全国人民进行革命斗争的主要根据地之一,先后创建了中央、湘赣、湘鄂赣、闽浙皖赣4块连片的革命根据地,建立了中央苏维埃政权和江西、闽赣、闽浙皖赣、湘赣、湘鄂赣、粤赣、赣南7个省级苏维埃及110个县级苏维埃。当时,革命根据地面积占江西全省总面积的三分之二,人口占全省总人口的二分之一以上。

● 1937年10月,国共双方协议,将江西及周边七省红军和游击队改编为国民革命军陆军新编第四军。同年12月25日,新四军军部在汉口成立。1938年1月6

日,新四军军部迁驻南昌。江西是新四军这支抗日军队的组建地和发源地。
- 江西省仅载入"革命烈士英雄名录"的革命烈士就有 25 万余人,占全国革命烈士总数的六分之一。

5. 人口、民族与方言

(1) 人口

- 2024 年末全省常住人口 4502.01 万人,比 2023 年末减少 13.00 万人。
- 城乡分布:城镇常住人口 2870.93 万人,占总人口的比重(常住人口城镇化率)为 63.77%,比上年末提高 0.64 个百分点。
- 自然增长:2024 年全省出生人口 30.00 万人,比上年增加 0.50 万人;死亡人口 32.60 万人,减少 0.70 万人。人口出生率 6.65‰,比上年上升 0.13 个千分点;人口死亡率 7.23‰,下降 0.13 个千分点;人口自然增长率 -0.58‰,上升 0.26

个千分点。

● **年龄构成**：2024年末全省常住人口中，0—15岁（含不满16周岁）人口880.12万人，占总人口的19.55%；16—59岁（含不满60周岁）人口2734.25万人，占60.73%；60周岁及以上人口887.64万人，占19.72%，其中65周岁及以上人口624.76万人，占13.88%。

● **性别构成**：2024年末全省常住人口中，男性人口2323.92万人，占总人口的51.62%；女性人口2178.09万人，占48.38%。总人口性别比为106.70（以女性为100），比上年末下降0.20。

● **地区分布**：全省11个设区市中，常住人口超过350万人的有7个，在100万人至200万人之间的有4个，全省人口分布总体仍然呈现"七大四小"的格局。七个人口规模较大设区市常住人口均大于350万人，依次为：赣州市（896.06万人);南昌市(667.04万人);上饶市(635.09万人);宜春市(489.88万人);九江市(449.90万人);吉安市(435.07万人);抚州市(353.48万人)。

(2)民族

● 据第七次人口普查数据:全省常住人口中,汉族人口为44969369人,占99.51%;各少数民族人口为219266人,占0.49%。与2010年第六次全国人口普查相比,汉族人口增加554305人,增长1.25%;各少数民族人口增加66855人,增长43.86%。

● 据第七次人口普查数据:人数最多的少数民族为畲族,74072人;其次为苗族,25489人;第三为土家族,16527人;第四为壮族,15977人;第五为回族,15923人;人数最少的为珞巴族,2人。

● 少数民族人数最多的设区市:赣州市,有65739人;少数民族人数最多的县(市、区):南昌市青山湖区,有12908人。
- 少数民族个数最多的设区市:南昌市,共有55个。

(3)方言

- 江西方言文化多元,汉语的赣、客、吴、徽、闽、湘和官话7大方言都有分布,以赣语、客家话为主。
- 最主要方言为赣语,覆盖了全省面积和人口的四分之三。赣语区分为:昌靖片、宜浏片、吉茶片、抚广片和鹰弋片。其中以江西赣语区三大城市口音抚州话、新余话、南昌话为赣语代表或标准音。

6. 行政区划

(1)设区市

- 共有设区市11个:南昌市、景德镇市、萍乡市、九江市、新余市、鹰潭市、赣州市、吉安市、宜春市、抚州市、上饶市。

(2)县(市、区)

- 共有县(市、区)100个。其中61个县、

12个县级市、27个市辖区。

◆南昌市：东湖区、西湖区、青云谱区、青山湖区、新建区、红谷滩区、南昌县、安义县、进贤县。

◆景德镇市：昌江区、珠山区、浮梁县、乐平市。

◆萍乡市：安源区、湘东区、莲花县、上栗县、芦溪县。

◆九江市：浔阳区、濂溪区、柴桑区、武宁县、修水县、永修县、德安县、都昌县、湖口县、彭泽县、瑞昌市、共青城市、庐山市。

◆新余市：渝水区、分宜县。

◆鹰潭市：月湖区、余江区、贵溪市。

◆赣州市：章贡区、南康区、赣县区、信丰县、大余县、上犹县、崇义县、安远县、定南县、全南县、宁都县、于都县、兴国县、会昌县、寻乌县、石城县、瑞金市、龙南市。

◆吉安市：吉州区、青原区、吉安县、吉水县、峡江县、新干县、永丰县、泰和县、遂川县、万安县、安福县、永新县、井冈山市。

◆宜春市：袁州区、奉新县、万载县、上高县、宜丰县、靖安县、铜鼓县、丰城市、樟树市、高安市。

◆抚州市：临川区、东乡区、南城县、黎川县、南丰县、崇仁县、乐安县、宜黄县、金溪县、资溪县、广昌县。

◆上饶市：信州区、广丰区、广信区、玉山县、铅山县、横峰县、弋阳县、余干县、鄱阳县、万年县、婺源县、德兴市。

二、经济建设

1. 经济综合

(1)地区生产总值

- 地区生产总值34202.5亿元,比上年增长5.1%。
- 人均地区生产总值75862元,比上年增长5.4%。
- 全年货物贸易进出口总值4707.5亿元,比上年下降17.2%。

(2)三次产业比例

- 第一产业增加值2605.1亿元,增长3.3%。
- 第二产业增加值13688.6亿元,增长6.5%。
- 第三产业增加值17908.8亿元,增长

4.2%。

● 三次产业结构为 7.6:40.0:52.4。

● 三次产业对 GDP 增长的贡献率分别为 5.4%、52.8%和 41.8%。

(3) 投资

● 全年固定资产投资比上年增长 4.8%。第一产业投资下降 6.6%,第二产业投资增长 10.0%,第三产业投资增长 1.5%。民间投资增长 3.6%,扣除房地产开发民间投资,民间项目投资增长 8.7%。基础设施投资增长 11.1%。

(4) 财政

● 一般公共预算收入 3066.6 亿元,比上年增长 0.2%。其中税收收入 1956.7 亿元,下降 3.2%。一般公共预算支出 7696.5 亿元,增长 2.7%。

(5) 价格

● 全年居民消费价格比上年上涨 0.5%。

● 八大类商品和服务类价格比上年"六涨

两降"。

◆教育文化娱乐类价格比上年上涨2.8%。

◆生活用品及服务类价格比上年上涨0.4%。

◆医疗保健类价格比上年上涨2.1%。

◆衣着类价格比上年上涨1.9%。

◆食品烟酒类价格比上年上涨0.1%。

◆其他用品及服务类价格比上年上涨5.3%。

◆交通通信类价格比上年下降1.6%。

◆居住类价格比上年下降0.3%。

●工业生产者出厂价格比上年下降2.3%。

●工业生产者购进价格比上年下降3.5%。

●农产品生产者价格比上年增长2.3%。

2. 农业

(1) 产值

●全年农林牧渔业总产值4494.1亿元,比上年增长3.6%。

●全年粮食产量2196.0万吨,比上年减产

0.1%。

(2) 种植面积

- 粮食种植面积 3774.6 千公顷,比上年增加 0.3 千公顷。
- ◆稻谷种植面积 3383.6 千公顷,比上年减少 0.3 千公顷。
- 油料种植面积 818.9 千公顷,比上年增长 1.3%。
- ◆油菜籽种植面积 600.2 千公顷,比上年增长 1.2%。
- 蔬菜种植面积 720.6 千公顷,比上年增长 0.9%。
- 棉花种植面积 19.0 千公顷,比上年下降 1.8%。
- 甘蔗种植面积 12.9 千公顷,比上年下降 3.1%。

(3) 主要产量

- 油料产量 151.3 万吨,比上年增产 2.1%。
- 棉花产量 2.1 万吨,比上年减产 2.6%。

- 烟叶产量2.5万吨,比上年减产12.9%。
- 茶叶产量8.3万吨,比上年增产4.4%。
- 园林水果产量605.9万吨,比上年增产3.8%。
- 全年猪牛羊禽肉产量363.6万吨,比上年下降1.1%。
- ◆猪肉产量252.9万吨,比上年下降1.7%。
- ◆牛肉产量17.1万吨,比上年下降3.9%。
- ◆羊肉产量3.1万吨,比上年下降2.5%。
- ◆禽肉产量90.5万吨,比上年增长1.5%。
- ◆禽蛋产量89.3万吨,比上年增长22.0%。
- 年末生猪存栏1660.9万头,比上年末下降0.9%。
- 全年生猪出栏3035.6万头,比上年下降3.4%。

(4) 农业地位

- 江西是全国13个粮食主产区之一,素有"江南粮仓"之美誉,粮食总产量连续12年超430亿斤。

● "2024 中国农业企业 500 强"发布,江西 23 家企业上榜。双胞胎(集团)股份有限公司位列榜单第 8 位、南昌深圳农产品中心批发市场有限公司位列榜单第 39 位、绿滋肴控股集团有限公司排名第 78 位、江天农博城集团有限公司排名第 81 位、煌上煌集团有限公司排名第 82 位、江西正邦科技股份有限公司排名第 123 位。

3. 工业

(1) 增加值

● 全年全部工业增加值 11254.2 亿元,比上年增长 7.7%。规模以上工业增加值增长 8.5%。在规模以上工业中,分经济类型看,国有控股企业增加值增长 4.0%;股份制企业增长 9.0%,外商及港澳台商投资企业增长 6.3%;私营企业增长 8.5%。

(2) 效益

● 全年规模以上工业企业实现营业收入43773.4亿元,比上年增长5.1%;实现利润总额2149.4亿元,比上年增长3.1%;每百元营业收入中的成本为88.86元,比上年增加0.32元。

(3) 产品

● 全年规模以上工业中,分行业看,有色金属冶炼和压延加工业增加值比上年增长22.2%,电气机械和器材制造业增长18.2%,汽车制造业增长13.1%,计算机、通信和其他电子设备制造业增长10.6%。高技术制造业、装备制造业增加值分别增长12.5%、13.1%,占规模以上工业比重分别为21.7%、33.6%。

(4) 企业

● 江西共有7家企业上榜"2024中国企业500强":江西铜业集团有限公司(排名全国第43位)、晶科能源股份有限公司

（排名全国第219位）、江铃汽车集团有限公司（排名全国第234位）、双胞胎（集团）股份有限公司（排名全国第283位）、新余钢铁集团有限公司（排名全国第346位）、南昌市政公用集团有限公司（排名全国第393位）、江西省投资集团有限公司（排名全国第483位）。

● 江西共有8家企业进入"2024中国制造业企业500强"榜单：江西铜业集团有限公司、晶科能源股份有限公司、江铃汽车集团有限公司、双胞胎（集团）股份有限公司、新余钢铁集团有限公司、鹰潭沪江铜基新材料有限公司、泰豪集团有限公司、景德镇黑猫集团有限责任公司。

● 江西共有7家企业进入"2024中国服务业企业500强"榜单：南昌市政公用集团有限公司、江西省投资集团有限公司、江西银行股份有限公司、九江银行股份有限公司、江西省金融控股集团有限公司、绿滋肴控股集团有限公司、赣州发展投资控股集团有限责任公司。

● "2024江西企业100强"榜单前十位：江西铜业集团有限公司、晶科能源股份有限公司、江铃汽车集团有限公司、江西方大钢铁集团有限公司、双胞胎(集团)股份有限公司、新余钢铁集团有限公司、南昌市政公用集团有限公司、中国石化股份有限公司九江分公司、江西省投资集团有限公司、江西省交通投资集团有限责任公司。

◆ 江西铜业集团有限公司突破5500亿元规模大关。

● "2024江西民营企业100强"榜单前十位：晶科能源控股有限公司、江西方大钢铁集团有限公司、双胞胎(集团)股份有限公司、南昌华勤电子科技有限公司、江西赣锋锂业集团股份有限公司、中大控股集团有限公司、鹰潭沪江铜基新材料有限公司、江西济民可信集团有限公司、江西远桥金属有限公司、江西鑫润航达供应链管理有限公司。

- "2024江西制造业民营企业100强"榜单前十位:晶科能源控股有限公司、江西方大钢铁集团有限公司、双胞胎(集团)股份有限公司、南昌华勤电子科技有限公司、江西赣锋锂业集团股份有限公司、鹰潭沪江铜基新材料有限公司、江西济民可信集团有限公司、江西远桥金属有限公司、泰豪集团有限公司、上饶捷泰新能源科技有限公司。

- "2024江西服务业民营企业20强"榜单前五位:江西鑫润航达供应链管理有限公司、绿滋肴控股集团有限公司、江天农博城集团有限公司、华宏汽车集团股份有限公司、江西巨网科技有限公司。

(5)开发区

- 开发区工业增加值增长9.0%,实现营业收入 40768.4 亿元,增长 6.0%;实现利润总额 2005.4 亿元,增长 7.2%。
- 营业收入超千亿元的开发区有 8 个。
- 全省开发区投产工业企业 19081 家,比上年增加 1036 家。

4. 建筑业和房地产业

- 全年建筑业增加值 2453.5 亿元,比上年增长 1.1%。
- 具有资质等级的总承包和专业承包建筑业企业 7889 家,比上年增加 712 家。
- 全年房地产开发投资比上年下降 8.4%,其中,住宅投资下降 8.0%,办公楼投资增长 3.8%,商业营业用房投资下降 15.4%。
- 全年新建商品房销售面积 2912.9 万平方米,下降 14.8%,其中住宅销售面积 2474.2 万平方米,下降 14.7%。
- 新建商品房销售额 2024.1 亿元,下降 18.0%,其中住宅销售额 1731.6 亿元,下降17.2%。

● 年末新建商品房待售面积1081.9万平方米,比上年末增长43.9%,其中,住宅待售面积708.2万平方米,增长90.9%。

5. 服务业

(1) 交通

● 全年货物运输总量215866.9万吨,比上年增长3.1%;货物运输周转量5503.0亿吨公里,增长2.9%。

● 南昌港完成货物吞吐量3863.0万吨,下降15.1%;完成集装箱吞吐量12.5万标准箱,增长1.8%。

● 九江港完成货物吞吐量2.2亿吨,增长10.8%;完成集装箱吞吐量100.7万标准箱,增长15.2%。

● 全年旅客运输总量44355.4万人,比上年增长2.9%;旅客运输周转量902.5亿人公里,增长4.4%。

● 年末公路通车里程20.9万公里。其中,高速公路通车里程6838.2公里。
- 铁路营业里程5023.8公里。
- 年末全省民用汽车保有量844.5万辆,比上年增长5.2%;民用轿车保有量495.1万辆,增长5.3%,其中,私人轿车478.4万辆,增长5.2%。

(2)邮电
- 全年完成邮政业务总量379.5亿元,比上年增长30.6%。完成邮政函件业务735.9万件,增长0.7%;包裹业务106.0万件,增长30.8%。快递业务量34.1亿件,增长30.6%;快递业务收入239.4亿元,增长23.4%。
- 全年完成电信业务总量469.8亿元,比上年增长13.2%。
- 年末移动电话基站数39.0万个。其中,5G基站13.2万个,占比33.8%。
- 移动电话用户4963.6万户,增长2.3%,移动电话普及率为110.3部/百人。其中,5G移动电话用户有2824.3万户,占移动电话用户数比重为56.9%,提高9.2个百分点。

● 固定互联网宽带接入用户2194.4万户,增长4.9%。其中,千兆宽带用户有702.6万户,增长31.0%。

(3) 商贸物流

● 全年社会消费品零售总额12821.7亿元,比上年增长4.9%。按经营地分,城镇消费品零售额10580.8亿元,增长4.6%,其中城区消费品零售额5629.9亿元,增长3.5%;乡村消费品零售额2240.9亿元,增长6.4%。按消费类型分,商品零售额11173.0亿元,增长4.2%;餐饮收入1648.7亿元,增长10.2%。限额以上单位消费品零售额5562.3亿元,增长6.1%。网上零售额2942.5亿元,增长4.4%,其中实物商品网上零售额2512.5亿元,增长1.8%。

- 全年限额以上单位商品零售额中,粮油、食品类零售额比上年增长14.3%,饮料类增长4.5%,烟酒类增长8.1%,服装、鞋帽、针纺织品类增长11.0%,化妆品类增长1.5%,金银珠宝类下降5.1%,日用品类增长3.9%,家用电器和音像器材类增长12.9%,中西药品类增长4.2%,文化办公用品类增长8.2%,家具类增长9.6%,通讯器材类增长25.1%,石油及制品类下降0.2%,建筑及装潢材料类增长8.3%,机电产品及设备类下降2.0%,汽车类增长0.3%。

(4) 金融证券

- 年末金融机构本外币各项存款余额62322.2亿元,比上年末增长7.4%。年末金融机构本外币各项贷款余额62515.9亿元,比上年末增长7.7%。

- 年末境内证券市场共有上市公司88家。辖区内证券公司2家,分公司59家,证券营业部281家;期货公司1家,分公司13家,期货营业部22家。

(5)保险

●全年保险公司原保险保费收入1092.2亿元,比上年增长8.4%。

◆财产险保费收入334.9亿元。

◆寿险保费收入558.4亿元。

◆健康险保费收入182.5亿元。

◆人身意外伤害险保费收入16.4亿元。

●支付各类赔款及给付478.1亿元。

◆财产险赔付242.3亿元。

◆寿险赔付132.8亿元。

◆健康险赔付95.3亿元。

◆人身意外伤害险赔付7.6亿元。

6. 能源

●全年规模以上工业生产原煤137.5万吨,比上年下降4.0%。原油加工量774.2万吨,增长1.0%。发电量1717.0亿千瓦时,增长1.1%。

7. 对外开放

● 全年货物贸易进出口总值4707.5亿元,比上年下降17.2%。其中,出口值3045.5亿元,下降22.5%;进口值1662.0亿元,下降5.5%。对共建"一带一路"国家进出口2323.2亿元,占比49.5%,同比下降19.2个百分点。

◆ 一般贸易出口值2132.3亿元,下降33%;一般贸易进口值912.5亿元,下降9.9%。

◆ 加工贸易出口值878.4亿元,增长25.3%;加工贸易进口值669.1亿元,增长3.4%。

◆ 机电产品出口值1907.9亿元,下降5.6%;机电产品进口值694.5亿元,下降0.2%。

◆ 高新技术产品出口值957.3亿元,下降14%;高新技术产品进口值378.9亿元,下降15.9%。

●全年新设外商直接投资企业337家,比上年减少64家。实际使用外商直接投资金额7.4亿美元,下降42.3%。利用省外项目实际进资10961.5亿元,增长0.6%。

三、社会建设

1. 就业形势

- 全年城镇新增就业46.5万人。
- 新增转移农村劳动力55.7万人。
- 失业人员再就业15.7万人。
- 就业困难人员就业5.2万人。

2. 城乡建设

(1) 城市建设

● 交通物流

◆ 昌北国际机场纳入过境免签人员入出境口岸。

◆ 南昌国际陆港获评全国首批"5A级陆港"。

◆ 大广高速吉安至南康段改扩建工程全线通车。

◆瑞金机场成功试飞。

◆内陆开放型经济试验区建设取得新进展,至挪威奥斯陆、孟加拉国达卡全货运航线和跨境电商全货机专线开通,出口通关效率保持中部地区第1。

● 城市更新改造

◆实施以人为本的新型城镇化战略五年行动计划,改造老旧小区1343个52.54万户。

◆城市生活污水集中收集率提升5个百分点,达68.13%。

● 数字化与信息化建设

◆南昌市获批数据基础设施建设先行先试城市。

◆鹰潭市"一网通办"融合平台项目荣获全国"2024数字政府管理创新奖"。

● 城市荣誉与特色称号

◆西湖区入选全国旅游综合实力百强区。

◆景德镇市获评国际形象引领城市,陶博

城获 UFI 国际展览联盟认证。

◆萍乡市获评"中国生态美食地标辣文化之都"。

◆婺源县篁岭获评国家级文明旅游示范单位。

● 环保与可持续发展

◆九江石化入选国家第一批"无废企业"典型案例。

◆九江市"全地下+花园式"再生水利用配置模式入选水利部节水典型案例。

◆吉安市实施省内首个全国无废城市"两网融合"试点。

◆抚州市入选全国气候生态产品价值实现高质量发展试点。

● 产业试验区

◆宜春市、抚州市获批国家中医药传承创新发展试验区。

● 文化与品牌

◆景德镇市古陶瓷基因库与数字化平台入选全国文旅数字化创新示范十佳案例。

◆"景德镇制"品牌保护创新做法入选知识产权强国建设典型案例。

(2) 乡村建设

● 农业与农田建设

◆新建区和改造提升高标准农田360万亩。

◆宁都县被列为全国深化农业用水权改革、农村能源革命试点县。

● 乡村环境治理

◆宜居村庄整治建设覆盖率达96%。

◆农村危房改造开工率达100%。

◆农村生活污水治理(管控)率达48.3%。

◆在17个县(市、区)开展"四融一共"和美乡村先行区建设。

◆婺源县"微家训"入选全国乡村治理典型案例。

◆信州区和美乡村物业化管理"八自"模式入选全国党建引领乡村治理典型案例。

● 改革试点与成就

◆进贤县入选全国2024年传统村落集中

连片保护利用示范县名单。

◆上栗县获评"四好农村路"全国示范县。

◆余江区、靖安县农村集体经营性建设用地入市试点等入选全国典型案例。

◆石城县"请客不收礼、节俭办宴席"、全南县"低彩礼、零彩礼、不收礼"移风易俗经验在全国推广。

◆万载县入选全国县域商业"领跑县"。

◆广昌县获评国家数字乡村试点县。

◆全国首批林业经营收益权证在资溪颁发。

●生态保护与文旅发展

◆武夷山国家公园（江西片区）入选世界自然保护地绿色名录。

◆井冈灌区工程列入国家"两重"建设标志性重大水利项目。

◆于都长征集结出发地纪念园赋能旅游发展案例入选全国百强。

3. 居民生活

● 全年居民人均可支配收入 36007 元,比上年增长 5.2%。

◆ 按常住地分,城镇居民人均可支配收入 47514 元,增长 4.3%;农村居民人均可支配收入 22673 元,增长 6.2%。

● 城乡居民人均可支配收入比值为 2.10,比上年缩小 0.03。

● 全年居民人均消费支出 24726 元,比上年增长 5.8%。

◆ 按常住地分,城镇居民人均消费支出 29070 元,增长 4.8%;农村居民人均消费支出 19692 元,增长 6.9%。

● 全省居民恩格尔系数为 31.8%,其中城镇为 31.2%,农村为 32.8%。

● 全年居民消费价格比上年上涨 0.5%。

● 消费品以旧换新补贴 280 余万件(辆),惠及消费者 150 余万人。

4. 社会保障

- 年末参加城镇职工基本养老保险人数1485.5万人,比上年末增加49.9万人。

- 参加城乡居民基本养老保险人数1947.8万人,减少3.7万人。

- 参加基本医疗保险人数4487.1万人。

◆ 参加职工基本医疗保险人数658.1万人,参加城乡居民基本医疗保险人数3829.0万人。

- 参加失业保险人数422.6万人,增加20.1万人。

◆ 领取失业保险金人数10.4万人。

- 参加工伤保险人数602.6万人,增加9.2万人。

- 参加生育保险人数425.7万人,增加13.4万人。

- 城市居民纳入最低生活保障人数25.2万人。

- 农村居民纳入最低生活保障人数141.3

万人。

- 农村居民纳入特困供养人数12.8万人。
- 全年临时救助14.4万人次。
- 年末共有提供住宿的社会服务机构1695个,床位18.0万张。其中,养老床位17.7万张;收养人数8.9万人。
- 实施居家适老化改造4.4万户,新增社区嵌入式养老院47家,建成区域性中心敬老院377家、城乡老年助餐点7800余个、"一老一小幸福院"698个。
- 全年销售社会福利彩票44.0亿元。
- 筹集福利彩票公益金13.2亿元。

5. 科技教育

- 全年研究与试验发展(R&D)经费支出与全省地区生产总值之比预计为1.95%。
- 年末共有全国重点实验室8个,省重点实验室172个,省技术创新中心66个。
- 全年授权专利5.6万件,每万人有效发明专利拥有量10.7件。

- 全年共签订技术合同33270项,技术市场合同成交金额2588.4亿元。
- 全年累计获省级检验检测机构资质认定的机构2279个。其中,国家产品质量监督检验中心10个,法定计量技术机构349个。
- 全年社会公用计量标准57项。
- 获得CCC认证证书的企业823家,获得CCC认证证书8127张。
- 发放自愿性产品认证证书2.1万张,发放省级工业产品生产许可证1088张。
- 测绘部门为经济社会发展提供各种基本比例尺地形图2624幅,测绘基准成果1555点,遥感影像成果4394.8万平方公里。
- 年末共有普通高等学校(含普通、职业本专科)111所,普通高中577所,中等职业学校272所,初中阶段学校2262所,小学5117所。

- 民办学校5580所。
- 特殊教育在校生3.7万人。
- 学前教育在园幼儿114.4万人。
- 高中阶段毛入学率为94.0%,普通高考录取率为77.9%。
- 高考综合改革平稳落地,全省本科招生计划新增2万余个。
- 因地制宜优化撤并小规模学校4303所,新改扩建义务教育学校656所、新增学位16.4万个。
- 每千人口托位数4.32个。

6. 文化旅游

- 年末共有文化和旅游部门所属艺术表演团体74个,文化馆116个,公共图书馆114个,博物馆148个。
- 广播电视播出机构96个。
- 有线电视实际用户569.2万户,其中有线数字电视实际用户537.1万户。
- 广播综合人口覆盖率99.6%,电视综合人口覆盖率99.9%。

- 全年出版各类报纸62种、期刊165种、图书10511种,出版各类报纸45088万份、期刊5011万册、图书33661万册。
- 全年接待国内旅游人次按可比口径同比增长14.0%,国内旅游收入按可比口径同比增长14.5%。

7. 卫生体育

- 年末共有各类医疗卫生机构(不含村卫生室)13470个。其中,医院、卫生院2703个,社区卫生服务中心(站)703个,妇幼保健院(所、站)116个,专科疾病防治院(所、站)73个,疾病预防控制中心149个。
- 卫生机构人员45.8万人,其中卫生技术人员37.6万人。
- 注册护士17.6万人。
- 医院、卫生院床位数31.3万张。
- 年末国家级青少年俱乐部45个,省级青少年俱乐部39个。

● 青少年户外活动营地5个。

● 国家级体育传统项目学校15所,省级体育传统项目学校237所,省级单项体育后备人才基地48个。

● 在国际和国内的重大比赛中共获得73枚金牌、85枚银牌和92枚铜牌。

四、生态文明

1. 生态保护和修复

● 全省空气优良天数比率95.5%,比上年下降1.3个百分点;PM2.5平均浓度为27微克/立方米,11个设区市空气质量连续3年全部达到国家二级标准。

● 全省地表水国考断面水质优良比例为97.7%;长江干流10个断面连续7年、赣江干流33个断面连续4年保持Ⅱ类水质及以上;鄱阳湖总磷浓度为0.056 mg/L,比上年下降5.1%;县级及以上城市集中式饮用水水源水质达标率为100%。

● 森林覆盖率63.35%,保持全国第2位。

● 全省完成人工造林(更新)93.59万亩、

退化林修复160万亩,分别达到年度计划的117%和100%。大力实施重要生态系统保护和修复、国土绿化示范等重点生态建设项目,全年完成国家项目营造林56.92万亩。

● 全面实施森林质量提升行动,持续推进森林可持续经营试点重点省建设,完成木材战略储备基地建设面积9.11万亩、国有林场场外造林面积54万亩。加强林木种苗管理,开展省重点保障性苗圃建设,审(认)定林木良种7个。全年保障各类林业生产用苗超5亿株,松、杉、油茶造林良种使用率达到100%。

● 全省各地建立"互联网+全民义务植树"基地77个,组织开展"互联网+全民义务植树"尽责活动592场次,参加植树人数达到12.3万人次,分别较上年增加250%、172.8%和97.7%。

● 构建"林长+警长+检察长+法院院

长"联动协作机制,查处各类林业行政案件3339起,案件查处率达97.96%。

● 自然资源部门持续开展矿山生态保护修复,成功申报2个国家历史遗留废弃矿山生态修复示范工程项目。

● 农业农村部门支持7000个村庄开展整治建设,植树17.4万株,打造美丽庭院25万个。

● 住房和城乡建设部门统筹推进城市绿地提质增量,新建城市绿地1.22万亩,改造提升城市绿地4982亩;新建城市口袋公园219个、绿道280.36公里。

● 水利部门积极推进水土保持重点工程建设,完成水土流失治理面积55.5万亩,全年新增治理水土流失面积208.34万亩,全省水土保持率达到86.51%。

● 完成湿地生态修复3万余亩,新建小微湿地示范点37个。

● 积极开展鄱阳湖总磷污染防治生态环境

保护专项督察。在剔除自然因素影响后,湖区总磷浓度下降8.5%。

2. 绿色低碳转型

- 全年规模以上工业综合能源消费量7174.3万吨标准煤,比上年增长0.3%;万元规模以上工业增加值能耗下降7.6%。

- 全省规上工业单位增加值能耗降幅居全国前列,六大高耗能行业能源消费量占规上工业比重下降1个百分点。

- 可再生能源发电装机占比提高至56.2%,新能源装机和供电煤耗提前1年完成"十四五"目标任务,连续5年超额完成国家可再生能源考核任务。

- 可再生能源装机达3900万千瓦,可再生能源发电量占比提高4个百分点,新余建成全国首个清洁煤电与平价光伏协同项目。

- 大力推进城乡建设、交通运输绿色低碳

发展,超额完成海绵城市年度建设目标,省内首次实现废弃钢渣在高速公路建设的应用,赣江南昌枢纽主支船闸蓄水通航,国内首艘商用氢燃料电池动力游览船交付使用,南昌—九江、赣州成功列入国家综合货运枢纽补链强链支持城市,全省港口铁水联运集装箱量同比增长20%。

● 共青城市加快建设全省首个低空经济产业园,新增铜基新材料、长三角(含江西)大飞机两个国家先进制造业产业集群;宜春市锂电池成功列入产品碳足迹标识认证国家试点,新能源汽车产量增长90.8%。

● 实施省级重大专项"2030先锋工程",推进节能降碳十大行动,超额完成钢铁行业超低排放改造任务,废旧锂离子电池综合回收利用等4项绿色技术入选国家推广目录,累计打造4家国家级能效领跑者企业、8家国家级绿色数据中心,国家级绿色园区数量居全国第4位。
- 推动全省重点领域大中型设备更新15万台(套),资源回收企业累计"反向开票"金额居全国前列,制修订节能降碳、环保安全、循环利用等领域国家标准48项、地方标准26项。
- 高能效比家电和智能家电销售额增长24.5%,汽车报废更新、置换更新14万辆,全省新能源汽车渗透率同比提高14个百分点。

3. 生态产品价值实现

- 制定实施加快建立健全生态产品价值实现机制的政策举措,出台覆盖全省的生态产品统计报表制度,修订生态产品目录清单,完善生态产品调查监测机制,连续3年开展省市县三级生态产品总值(GEP)试算。
- 抚州市获批继续开展国家试点,建立"分类考核、差异化发展"综合评价体系,将生态产品价值评价结果纳入全市高质量发展考核。

● 吉安市将GEP增长目标列入2024年国民经济计划指标,推动实现GDP和GEP规模总量协同增长。

● 上犹县、资溪县、吉州区等地探索开展特定地域单元生态产品价值(VEP)核算应用,获批贷款近5亿元。

● 依托省级林业碳中和试点,创新构建"乡村林碳""康氧林碳""油茶林碳""湿地碳汇"等碳汇价值实现形式,登记核证碳汇量11922吨,通过生态司法、大型会议活动等消纳4300吨。

● 引导各地有序开发林业碳汇项目,积极参与全国碳汇市场交易,我省4个CCER(国家核证自愿减排量)造林碳汇项目获批公示,数量居全国前列。

● 推进万年县全国林业碳汇试点工作,指

导万年县建设 2 个湿地固碳增汇示范点。

● 大力开发林下经济、森林食品、森林旅游、森林康养等新兴产业,新增林下经济利用林地面积 217 万亩。

● 加快推动油茶三产融合发展,全省完成油茶新造和改造 73 万亩,新建水肥一体设施 15.7 万亩,实施高产油茶综合示范站、油茶果初加工与仓储交易中心等油茶重点项目 97 个,启动江西山茶油品牌建设项目,成立江西省江西山茶油发展中心,构建以"江西山茶油""赣竹"等区域公用品牌为引领的林产品品牌体系,山茶油产能达 44.2 万吨。

● 建设毛竹丰产林、笋用或笋竹两用林基地 38.02 万亩,全省鲜竹笋年产量超 90 万吨。

● 出台深化林改十方面创新举措,在全国首创林业经营收益权证制度,39 个县

(市、区)制定林业经营收益权证管理办法;46个县(市、区)开展集体林地承包延期工作,完成延包面积279.05万亩;87个县(市、区)开展林权登记历史遗留问题清理规范工作,解决林权登记历史遗留问题11.08万个;创新林权收储代偿担保奖补机制,42个县成立林权收储机构,收储林地面积121.66万亩。

● 各地创新推出"金穗油茶贷"、油茶保险等特色金融产品,全省累计发放林权贷款348.69亿元,政策性保险参保面积1.28亿亩。

● 全省首批水土保持生态产品交易项目顺利成交、规模全国第2位;中部地区首单水土保持碳汇交易在上犹落地。

● 深化推广自然资源资产组合供应,今年累计供应17单,成交价款72.7亿元。

● 全国首笔绿色建筑与ESG可持续发展双挂钩贷款落地,萍乡率先打造以工业碳账户为特色的碳金融服务平台。

4. 秀美江西

● 武功山入选世界地质公园；武夷山国家公园（江西片区）的武夷山国家公园江西管理局正式挂牌成立。

● 婺源县篁岭获评国家5A级景区，篁岭晒秋文化节荣获"2024亚洲尖峰奖·最佳地区振兴示范项目"。

● 南昌市梅岭生态旅游度假区成功创评国家级旅游度假区。

● 婺源县石塌入选2024年世界灌溉工程遗产名录。

● 资溪县美丽宜居乡村建设获中国人居环境范例奖，获颁全国首张"5A级零碳景区"证书。

● 九江市入选国际湿地城市认证提名，并成为国家首批深化气候适应型城市建设试点，在《联合国气候变化框架公约》第二十九次缔约方大会"中国角"分享经验。

- 获批设立蓝冠噪鹛国家保护研究中心、马头山森林生态系统定位观测研究站、武功山草地系统生态定位观测研究站。
- 靖安县"两山"转化、永修县候鸟经济、上栗县农村生活污水治理入选2024年习近平生态文明思想案例实践。
- 全球环境基金江西省湿地保护区体系示范项目圆满完成,终期评估获联合国粮农组织"高度满意"评价。
- 全域推进"无废城市"建设,生活垃圾基本实现"零填埋",上饶市荣获"全国垃圾分类志愿服务优秀城市",铜鼓县获评全国"美丽县城"。

五、党的建设

1. 基本情况[①]

截至2024年12月31日,全省中国共产党党员总数为242.8万名,比2023年底净增2.7万名,增幅为1.1%。

全省现有中国共产党基层组织12.1万个,比2023年底净增0.1万个,增幅为0.6%。其中,基层党委0.8万个,总支部0.7万个,支部10.6万个。

(1) 党员队伍情况

●党员的性别、民族和学历。女党员59.1万名,占党员总数的24.3%。少数民族党员1.1万名,占0.5%。大专及以上学

[①] 本部分合计数或相对数,由于单位取舍不同而产生的计算误差均未作机械调整。

历党员119.7万名,占49.3%。

- 党员的年龄。30岁及以下党员32.2万名,31至35岁党员26.6万名,36至40岁党员24.3万名,41至45岁党员22.0万名,46至50岁党员23.1万名,51至55岁党员22.7万名,56至60岁党员22.9万名,61岁及以上党员69.0万名。

- 党员的入党时间。中华人民共和国成立前入党的0.1万名,中华人民共和国成立后至党的十一届三中全会前入党的有38.3万名,党的十一届三中全会后至党的十八大前入党的有141.2万名,党的十八大以来入党的有63.2万名。

- 党员的职业。工人(工勤技能人员)10.9万名,农牧渔民83.1万名,企事业单位、社会组织专业技术人员32.6万名,企事业单位、社会组织管理人员23.9万名,党政机关工作人员23.3万名,学生5.5万名,其他职业人员19.1万名,离退休人员44.3万名。

(2)发展党员情况

● 2024年全省共发展党员5.6万名。

● 发展党员的性别、民族、年龄和学历。发展女党员2.6万名,占46.6%。发展少数民族党员0.1万名,占1.0%。发展35岁及以下党员4.7万名,占84.3%。发展具有大专及以上学历的党员3.0万名,占53.4%。

● 发展党员的职业。工人(工勤技能人员)0.2万名,农牧渔民1.3万名,企事业单位、社会组织专业技术人员0.6万名,企事业单位、社会组织管理人员0.7万名,党政机关工作人员0.3万名,学生2.3万名,其他职业人员0.2万名。在生产、工作一线发展党员3.1万名。

(3)党内表彰情况

● 2024年全省各级党组织共表彰先进基层党组织0.4万个,表彰优秀共产党员

1.9万名,表彰优秀党务工作者0.6万名。全年颁发"光荣在党50年"纪念章2.0万枚。

(4)申请入党情况

● 截至2024年底,全省入党申请人86.7万名,入党积极分子28.0万名。

(5)党组织情况

● 党的地方委员会。全省共有党的各级地方委员会112个。其中,省委1个,市委11个,县(市、区)委100个。

● 城市街道、乡镇、社区、行政村党组织。全省199个城市街道、1392个乡镇、4491个社区、16994个行政村已建立党组织,覆盖率为100%。

● 机关、事业单位、企业和社会组织党组织。全省共有机关基层党组织2.5万个,事业单位基层党组织2.8万个,企业基层党组织2.5万个,社会组织基层党组织0.5万个,基本实现应建尽建。

2. 党风廉政建设

●2024年,在以习近平同志为核心的党中央坚强领导下,省委认真贯彻落实党中央和中央纪委国家监委部署要求,坚决扛起管党治党政治责任,加强对党风廉政建设和反腐败工作的领导,全省政治生态持续向上向好。省纪委监委带领全省纪检监察机关忠诚履职尽责,敢于善于斗争,坚持不懈用党的创新理论凝心铸魂,政治忠诚更加坚定自觉;聚焦"两个维护"强化政治监督,服务保障现代化江西建设更加有力;高质量开展党纪学习教育,遵规守纪、干事创业的氛围更加浓厚;采取超常规举措集中整治群众身边不正之风和腐败问题,推动基层治理更加有效;坚决铲除腐败滋生的土壤和条件,一体推进"三不腐"治理效能更加凸显;坚决破除特权思想和特权行为,新风正气更加充盈;持续深化政治巡视,巡视综合监督作用更加彰显;加强规范化法治化正规化建设,纪检监察干部队伍更加过硬。

- 高质量开展党纪学习教育,遵规守纪、干事创业的氛围更加浓厚。纪检监察机关是党的"纪律部队",肩负维护党的纪律的重要职责,必须在党纪学习教育中发挥示范带动作用。通过班子成员带头讲纪律党课、举办党纪学习教育读书班、线上专题培训班,引领全省纪检监察干部以学纪知纪明纪促进遵纪守纪执纪。常态化开展纪法素养提升行动,累计开设"纪法讲堂"62期,培训31.3万人次。创新案件审理工作,发布执纪执法指导性案例,增设政治生态分析、定性量纪说明,持续提升定性量纪执法精准度。协助省委召开全省领导干部警示教育会,剖析通报80余起典型案例,省市县乡1.8万余人同上一堂警示教育课。在

"廉洁江西"微信公众号开设"学条例、守党纪、抓落实"等专题专栏,做好理论阐释、政策解读、宣讲辅导等工作,引导党员干部把铁的纪律转化为日常习惯和自觉遵循。全省纪检监察机关运用"四种形态"批评教育和处理6.8万人次,党的纪律教育约束、保障激励作用充分发挥。

● 采取超常规举措集中整治群众身边不正之风和腐败问题,推动基层治理更加有效。坚持以办案带动全局,查处相关问题2.7万起,党纪政务处分2.08万人,移送检察机关603人。强化系统思维,以项目化推进突出问题整治,狠抓中小学"校园餐"、农村集体"三资"管理、殡葬领域突出问题等全国性专项整治,扎实推进基础教育、安全生产领域等6个省级整治项目,打出分类梳理问题清单、发出纪检监察建议、印发典型案例通报等组合拳,一个领域一个领域推动整改整治。

- 坚决铲除腐败滋生的土壤和条件,一体推进"三不腐"治理效能更加凸显。不敢腐、不能腐、不想腐是内在统一的有机整体。注重从政治和全局的高度综合研判处置问题线索,深化拓展金融、国企、工程建设和招投标等重点领域反腐,起底彻查关键岗位腐败问题,坚决查办严重损害党和人民利益、破坏政治生态、阻碍经济社会发展的典型案件。全省纪检监察机关立案3.68万件、党纪政务处分3.28万人、留置1209人、移送检察机关797人。加大追逃追赃力度,追回外逃人员63人,监改以来首次赴境外成功追回1名涉嫌职务犯罪人员。严厉惩治政治骗子,立案查处34人。

- 坚决破除特权思想和特权行为,清风正气更加充盈。不正之风、特权行为与党的性质宗旨背道而驰,损害了党同人民群众的血肉联系。牢记习近平总书记"坚决破除特权思想和特权行为"的重要要求,省级领导干部示范带头,系统规范领导干部专车驾驶员管理。紧盯"一把手"和领导班子,规范市县异地交流任职领导干部不按规定住交流房问题,联合省委组织部下发县委书记违纪违法典型案例警示通报,对6个革命老区县(市、区)委书记开展集体政治谈话,教育引导党员领导干部传承红色基因,增强党性修养,带头抵制特权行为。深挖彻查"四风"和腐败背后的特权问题,开展违规收送高档烟酒专项整治,查处问题2813起、处分2457人,会同司法机关印发认定收受茅台酒构成受贿罪的指导性案例,有力纠正"收受高档烟酒只违纪不违法"的错误认识。针对政商勾连等损害公平正义、破坏发展环境问题,协助省委制定严禁违规干预和插手选人用人、市场经济活动等有关事项的规定,推动构建亲清政商关系。针对群众反映强烈的教育不公问题,推动全省义务教育阶段阳光招生、阳光分班,回应人民群众期盼。会同省委组织部深入整治省管高校、省属企业、开发区等领域"近亲繁殖"和"裙带关系"等突出问题,匡正选人用人风气。坚持既"由风查腐",又"由腐纠风",全省查处违反中央八项规定精神问题1.17万起,释放出越往后越严的鲜明信号。

3. 红色基因传承

● 深厚的红色底蕴是江西的独特标识。党的十八大以来,习近平总书记先后三次考察江西,提出"推进红色基因传承"的重要要求。2024年,江西在全国首个以省委名义印发《江西省建设红色基因传承先行区规划(2024—2028年)》,针对先行区怎样建、建什么,提出17条工作举措,为先行区建设夯基垒台、立柱架梁。

●10月18日,由中共江西省委宣传部、全国红色基因传承研究中心、中共江西省委党史研究室、江西省社会科学院、中共赣州市委主办的2024年红色基因传承高端论坛在于都县举办。本次论坛以"长征精神与新时代长征路"为主题,旨在弘扬长征精神、传承红色基因、赓续红色血脉,汲取奋进力量,努力推动革命老区高质量发展。

●2024年是中华人民共和国成立75周年、中央红军长征出发90周年,我省举办系列红色主题文艺活动。如"共和国从这里走来——庆祝中华人民共和国成立75周年戏剧晚会""追寻光辉足迹——庆祝中华人民共和国成立75周年红色文化传播全媒体行动""翰墨神

韵 时代华章——省文联庆祝新中国成立75周年书法展""丹青溢彩 江山多娇——江西省文联庆祝中华人民共和国成立75周年美术作品展""新长征·再出发"第十四届中国民间艺术节和"新长征·再出发"——纪念中央红军长征出发90周年全国优秀曲艺节目展演和主题晚会等。

● 8月15日,由省总工会主办、江西省职工旅行社承办的2024年江西工会"金秋助学·铸魂圆梦"传承红色基因主题教育活动在南昌启动,标志着本年度全省工会"金秋助学·铸魂圆梦"活动全面开启。省总工会"金秋助学·铸魂圆梦"传承红色基因主题教育活动充分利用我省丰富的红色教育资源优势,发挥铸魂育人的积极作用,在解决困难职工家庭子女就学经济压力的同时,帮助他们排解生活和心理上的压力,已成为工会的一项品牌工作。

● 2024年5月起,江西省教育厅继续在全省中小学幼儿园开展红色、绿色和古色文化教育活动(以下简称为"三项文化"教育活动),拟通过红色、绿色和古色文化教育,与开展红色教育、科学教育、研学实践、志愿服务、主题班会、青少年学生读书行动等有机结合,引导中小学生传承红色基因、培养生态文明意识、弘扬优秀赣鄱文化,在读万卷书和行万里路的知行合一中,进一步深化对我省红色、绿色、古色文化的认识,激发学生爱党、爱国、爱人民、爱家乡的朴素情感和家国情怀,培养德智体美劳全面发展、担当民族复兴大任的时代新人。

● 为推进红色基因传承,加快建设红色文化育人高地,省教育厅组织开展2024年度江西省高校人文社会科学研究专项项目(红色文化育人研究)申报和评审工作,经教师申请、学校审核以及省级网络盲评、现场会评等环节,拟立项134项项目。

发展格局篇

一、各设区市经济社会发展比较

1. 近三年各市地区生产总值及增长率

地区	地区生产总值(亿元)			地区生产总值增长率(%)		
	2024年	2023年	2022年	2024年	2023年	2022年
全省	34202.47	32200.09	31213.82	5.1	4.2	4.3
南昌市	7800.37	7212.85	7203.50	4.9	3.5	4.1
景德镇市	1179.30	1201.10	1192.19	4.1	3.5	4.7
萍乡市	1211.44	1151.66	1160.33	4.6	3.0	2.0
九江市	4021.75	3845.11	4026.60	3.8	1.1	4.3
新余市	1142.52	1261.89	1252.15	0.6	2.5	4.8
鹰潭市	1384.34	1282.25	1237.55	7.3	7.0	4.9
赣州市	4940.47	4606.21	4523.63	5.4	5.3	5.2
吉安市	2917.27	2735.07	2750.33	5.7	3.7	5.1
宜春市	3711.05	3467.48	3473.12	6.1	3.7	5.3
抚州市	2173.08	2034.91	1945.62	5.9	6.3	5.0
上饶市	3720.89	3401.57	3309.70	5.7	6.7	5.1

注:地区生产总值按现价计算,增长速度按不变价格计算。

2. 近三年各市一般公共预算收入及增长率

地区	一般公共预算收入（亿元）			一般公共预算收入增长率(%)		
	2024年	2023年	2022年	2024年	2023年	2022年
全省	3066.60	3059.59	2948.33	0.2	3.77	4.84
南昌市	526.13	500.18	457.68	5.2	9.29	-5.60
景德镇市	90.53	90.30	94.00	0.3	-3.93	-7.38
萍乡市	115.40	112.20	107.11	2.8	4.75	-1.41
九江市	325.95	322.40	303.38	1.1	6.27	3.82
新余市	84.25	91.61	88.94	-8.0	3.00	9.02
鹰潭市	113.80	108.56	100.28	4.9	8.26	8.27
赣州市	327.65	319.59	306.06	2.5	4.42	4.08
吉安市	213.54	204.82	190.87	4.3	7.31	4.90
宜春市	284.10	290.02	277.48	-2.0	4.52	9.15
抚州市	147.63	141.64	136.42	4.2	3.82	3.45
上饶市	282.00	270.68	250.86	4.2	7.90	6.31

3. 近三年各市规模以上工业增加值增长率

地区	规模以上工业增加值增长率(%)		
	2024年	2023年	2022年
全省	8.5	5.4	7.1
南昌市	10.2	4.2	6.0
景德镇市	6.2	5.4	8.4
萍乡市	7.5	2.8	-9.9
九江市	4.3	-3.1	5.6
新余市	-7.5	2.2	8.3
鹰潭市	13.4	13.0	8.3
赣州市	9.5	10.3	8.8
吉安市	8.7	4.6	8.8
宜春市	10.0	5.6	9.0
抚州市	11.7	14.6	8.5
上饶市	11.0	14.0	9.1

4. 近三年各市社会消费品零售总额及增长率

地区	社会消费品零售总额(亿元)			社会消费品零售总额增长率(%)		
	2024年	2023年	2022年	2024年	2023年	2022年
全省	14332.70	13659.75	12853.50	4.9	6.3	5.3
南昌市	3322.81	3202.41	3012.00	3.8	6.3	4.6
景德镇市	632.87	606.11	573.06	4.4	5.8	4.5
萍乡市	460.22	438.51	410.64	5.0	6.8	5.4
九江市	1638.47	1577.57	1485.96	3.9	6.2	5.6
新余市	487.10	461.34	423.20	5.6	9.0	5.3
鹰潭市	481.58	456.77	423.22	5.4	7.9	4.4
赣州市	2353.09	2223.04	2100.01	5.9	5.9	5.7
吉安市	1235.84	1171.65	1094.77	5.5	7.0	5.8
宜春市	1244.13	1172.97	1131.00	6.1	3.7	5.6
抚州市	754.87	712.05	665.90	6.0	6.9	5.5
上饶市	1721.72	1637.34	1533.70	5.2	6.8	5.9

5. 近三年各市出口总额及外商直接投资实际使用金额

地区	出口总额(亿元)			外商直接投资实际使用金额（亿美元）		
	2024年	2023年	2022年	2024年	2023年	2022年
全省	3045.50	3928.51	4750.74	7.40	12.76	21.66
南昌市	723.30	787.62	954.90	1.67	2.51	4.17
景德镇市	70.00	102.88	170.90	0.24	0.34	0.88
萍乡市	55.90	151.02	216.60	0.12	0.18	0.46
九江市	208.10	485.47	800.10	0.68	1.98	2.14
新余市	131.79	258.31	214.80	0.24	0.37	0.29
鹰潭市	115.10	105.95	118.30	0.50	0.68	0.68
赣州市	719.58	609.22	824.11	1.14	2.12	3.73
吉安市	287.77	436.69	604.90	1.10	1.81	2.87
宜春市	195.89	262.81	474.80	1.21	1.20	3.43
抚州市	169.40	218.57	267.40	0.28	0.58	0.60
上饶市	368.60	510.00	441.80	0.20	0.99	2.41

6. 近三年各市城镇居民人均可支配收入及增长率

地区	城镇居民人均可支配收入(元)			城镇居民人均可支配收入增长率(%)		
	2024年	2023年	2022年	2024年	2023年	2022年
全省	47514	45554	43697	4.3	4.2	4.8
南昌市	57294	54911	52622	4.3	4.0	4.3
景德镇市	51340	49528	47732	3.7	3.8	4.6
萍乡市	48739	46928	45278	3.9	3.6	4.3
九江市	49174	47392	45685	3.8	3.7	4.6
新余市	51108	49351	47574	3.6	3.7	4.2
鹰潭市	48281	45999	43836	5.0	4.6	4.3
赣州市	46170	44199	42231	4.5	4.7	5.2
吉安市	48919	46840	44965	4.4	4.2	4.9
宜春市	45684	43573	42038	4.8	3.7	5.3
抚州市	45036	43117	41360	4.5	7.3	4.8
上饶市	49087	47001	45037	4.4	5.5	5.1

7. 近三年各市农村居民人均可支配收入及增长率

地区	农村居民人均可支配收入(元)			农村居民人均可支配收入增长率(%)		
	2024年	2023年	2022年	2024年	2023年	2022年
全省	22673	21358	19936	6.2	7.1	6.7
南昌市	27418	25803	24218	6.3	6.0	5.7
景德镇市	25262	23863	22331	5.9	6.9	6.4
萍乡市	27462	25967	24279	5.8	7.0	6.2
九江市	22856	21505	20108	6.3	6.9	6.7
新余市	26626	25319	23859	5.2	6.1	5.6
鹰潭市	24851	23453	21892	6.0	6.5	5.8
赣州市	18656	17381	15900	7.3	9.3	8.3
吉安市	22417	21019	19588	6.7	7.3	7.1
宜春市	23055	21680	20366	6.3	6.5	6.4
抚州市	23375	21938	20436	6.6	7.3	6.8
上饶市	21511	20134	18736	6.8	7.5	7.1

二、县(市、区)域经济

1. 总体情况

2024年全省各县(市、区)国民经济主要指标具体数据见下页起横表。

指标\地区	生产总值（亿元）	全省排名	常住人口（万人）	全省排名	国土面积（平方公里）	全省排名	人均GDP（元）	全省排名	地方一般公共预算收入（亿元）	全省排名	社会消费品零售总额（亿元）	全省排名	城镇居民人均可支配收入（元）	全省排名	农民居民人均可支配收入（元）	全省排名	规模以上工业增加值增速（%）	全省排名	固定资产投资增速（%）	全省排名
南昌县	1401.44	1	155.03	1	1811	42	111919	11	90.09	1	447.33	3	52917	11	30490	3	16.6	7	14.0	4
进贤县	400.13	24	65.10	22	1946	38	61610	66	21.06	22	161.64	29	48692	29	28114	7	1.4	74	5.0	74
安义县	170.14	76	27.36	71	660	83	62663	62	20.71	23	37.50	94	47517	36	25458	35	-5.4	86	5.2	67
东湖区	535.15	14	41.59	41	25	100	128205	9	16.87	41	446.87	4	58822	2	—	—	—	—	6.0	47
西湖区	800.08	4	49.97	30	35	98	161348	2	25.50	17	480.00	1	58744	3	—	—	4.3	57	5.9	50
青云谱区	464.14	18	35.46	49	37	97	130940	7	14.78	54	337.78	8	57263	6	—	—	-0.7	80	0.1	90
青山湖区	733.48	6	91.05	9	274	92	104464	14	17.44	39	329.82	10	57475	4	—	—	3.5	64	5.1	70

续表

指标 地区	生产总值(亿元)	全省排名	常住人口(万人)	全省排名	国土面积(平方公里)	全省排名	人均GDP(元)	全省排名	地方一般公共预算收入(亿元)	全省排名	社会消费品零售总额(亿元)	全省排名	城镇居民人均可支配收入(元)	全省排名	农民居民人均可支配收入(元)	全省排名	规模以上工业增加值增速(%)	全省排名	固定资产投资增速(%)	全省排名
新建区	430.42	22	133.94	2	2160	31	68710	47	35.98	5	216.48	18	51522	18	27698	9	9.1	34	10.1	20
红谷滩区	931.79	2	67.55	20	175	94	140198	6	36.77	4	335.23	9	59353	1	27452	10	4.4	56	12.0	10
乐平市	422.84	23	75.24	14	1985	36	56211	73	34.64	6	199.70	21	47880	34	24870	37	3.9	60	8.1	29
浮梁县	180.96	71	27.95	68	2851	11	64757	56	7.71	92	49.71	82	41851	65	26189	22	-9.7	89	4.6	77
珠山区	279.65	41	38.52	44	111	96	72655	40	6.68	97	232.60	16	53828	8	—	—	-12.1	90	-4.6	94
昌江区	295.85	37	20.09	87	315	90	147365	5	7.54	93	150.86	32	52929	10	26010	25	9.4	32	7.8	32
安源区	245.35	48	54.98	25	186	93	61398	67	29.78	10	280.34	11	51084	20	30661	2	4.6	55	-1.4	91

续表

指标　　地区	生产总值（亿元）	全省排名	常住人口（万人）	全省排名	国土面积（平方公里）	全省排名	人均GDP（元）	全省排名	地方一般公共预算收入（亿元）	全省排名	社会消费品零售总额（亿元）	全省排名	城镇居民人均可支配收入（元）	全省排名	农民居民人均可支配收入（元）	全省排名	规模以上工业增加值增速（%）	全省排名	固定资产投资增速（%）	全省排名
湖东区	207.51	64	30.42	60	857	81	68220	49	14.61	55	32.55	96	49394	25	27895	8	3.3	66	4.2	81
芦溪县	167.74	77	25.86	78	961	75	64730	57	13.52	63	50.15	81	46091	41	28296	6	5.3	52	5.2	65
上栗县	202.72	67	46.90	33	636	85	55580	77	18.09	35	64.83	69	45547	47	27068	13	7.3	45	5.5	60
莲花县	104.40	96	21.55	84	1072	74	48331	85	7.02	96	32.35	97	33924	99	18274	77	1.6	72	4.4	79
浔阳区	710.92	9	46.80	34	26	99	153354	3	7.14	94	369.12	7	52249	15	-	-	4.2	59	14.8	2
濂溪区	526.94	15	45.71	37	388	88	115587	10	14.37	58	198.58	22	52248	16	28411	5	8.8	37	4.8	76
柴桑区	297.09	36	30.71	58	873	79	96567	19	14.43	57	63.44	70	46546	38	24811	38	-2.2	83	2.6	85

续表

指标\地区	生产总值(亿元)	全省排名	常住人口(万人)	全省排名	国土面积(平方公里)	全省排名	人均GDP(元)	全省排名	地方一般公共预算收入(亿元)	全省排名	社会消费品零售总额(亿元)	全省排名	城镇居民人均可支配收入(元)	全省排名	农民居民人均可支配收入(元)	全省排名	规模以上工业增加值增速(%)	全省排名	固定资产投资增速(%)	全省排名
修水县	313.74	35	67.56	19	4502	1	46069	88	15.56	47	176.52	26	40783	70	18250	81	13.2	16	11.3	14
武宁县	212.56	61	30.46	59	3507	4	69240	46	14.07	60	113.04	43	46351	40	24144	44	-0.3	78	-11.9	98
瑞昌市	319.55	31	38.59	43	1419	60	82305	29	31.04	8	116.41	40	46863	37	24369	43	-1.6	82	99.6	1
永修县	322.13	30	30.36	61	1947	37	105613	13	22.68	20	108.47	44	47639	35	25592	34	12.6	17	3.8	83
共青城市	180.84	72	19.48	91	310	91	92717	20	25.02	18	75.76	63	49557	22	25829	31	16.0	10	6.4	43
悠安县	181.19	70	16.24	95	863	80	111068	12	15.08	50	54.17	77	48847	28	25859	30	-25.2	98	-13.8	100
庐山市	126.54	88	22.45	83	913	78	56076	74	18.65	32	86.50	55	44318	56	23153	49	-27.3	99	4.0	82

续表

指标 地区	生产总值（亿元）	全省排名	常住人口（万人）	全省排名	国土面积（平方公里）	全省排名	人均GDP（元）	全省排名	地方一般公共预算收入（亿元）	全省排名	社会消费品零售总额（亿元）	全省排名	城镇居民人均可支配收入（元）	全省排名	农村居民人均可支配收入（元）	全省排名	规模以上工业增加值增速(%)	全省排名	固定资产投资增速(%)	全省排名
湖口县	368.40	26	21.54	85	673	82	169858	1	28.13	15	78.29	58	49150	27	24641	40	8.3	40	4.3	80
彭泽县	225.01	59	26.77	73	1544	55	83354	27	19.48	28	73.04	65	44689	54	24592	41	16.1	9	-9.9	96
都昌县	236.83	50	53.25	28	2670	16	43982	90	10.81	71	125.12	36	35549	92	15015	94	7.3	46	3.2	84
分宜县	229.51	56	27.48	70	1389	61	83310	28	15.41	48	103.40	45	43941	58	25918	27	2.9	67	5.1	71
渝水区	913.01	3	91.92	8	1789	43	99158	16	20.56	24	383.70	5	52373	14	27132	12	-18.3	93	5.1	72
贵溪市	702.42	10	53.74	27	2493	20	130485	8	53.68	2	156.84	30	49443	23	24781	23	9.1	35	10.4	18
余江区	248.28	47	31.96	54	931	76	77463	34	18.02	36	114.46	42	45926	45	26176	45	24.5	4	2.5	86

续表

指标\地区	生产总值（亿元）	全省排名	常住人口（万人）	全省排名	国土面积（平方公里）	全省排名	人均GDP（元）	全省排名	地方一般公共预算收入（亿元）	全省排名	社会消费品零售总额（亿元）	全省排名	城镇居民人均可支配收入（元）	全省排名	农民居民人均可支配收入（元）	全省排名	规模以上工业增加值增速（%）	全省排名	固定资产投资增速（%）	全省排名
月湖区	433.64	21	28.88	64	136	95	149793	4	8.87	82	210.28	19	52453	13	26329	19	18.6	5	6.3	44
章贡区	740.62	5	114.82	4	592	86	103739	15	26.30	16	477.70	2	57464	5	25972	26	-22.1	96	8.5	25
南康区	508.21	17	90.04	10	1623	50	60967	68	29.09	14	235.92	14	45733	46	19191	66	30.0	2	0.2	88
赣县区	292.56	38	57.59	24	2993	7	50761	84	19.62	27	115.35	41	42376	63	18725	71	1.2	77	13.5	5
安远县	132.02	83	34.33	51	2375	24	38240	95	7.93	90	62.08	72	35056	96	17425	90	15.4	12	8.2	28
大余县	142.86	81	26.13	76	1368	64	54380	79	10.04	77	62.29	71	38974	78	19094	68	-13.5	91	5.7	55
全南县	118.85	91	16.81	94	1534	57	70485	43	8.11	88	57.84	75	38300	82	15942	92	1.5	73	7.5	34

续表

指标 地区	生产总值（亿元）	全省排名	常住人口（万人）	全省排名	国土面积（平方公里）	全省排名	人均GDP（元）	全省排名	地方一般公共预算收入（亿元）	全省排名	社会消费品零售总额（亿元）	全省排名	城镇居民人均可支配收入（元）	全省排名	农村居民人均可支配收入（元）	全省排名	规模以上工业增加值增速（%）	全省排名	固定资产投资增速（%）	全省排名
于都县	352.61	27	89.96	11	2893	9	39103	93	16.55	43	154.85	31	41114	68	18030	85	7.9	42	7.7	33
瑞金市	228.09	57	61.06	23	2441	21	37296	96	17.62	38	121.27	39	43113	59	19354	64	5.2	53	9.1	22
石城县	117.62	93	28.12	66	1567	53	41722	91	8.44	85	50.19	80	35766	91	17948	87	4.3	58	5.7	52
龙南市	234.29	53	31.63	55	1646	49	73632	39	18.28	34	68.72	68	42678	61	19179	67	-14.5	92	-10.6	97
信丰县	323.91	29	67.23	21	2866	10	48167	86	17.89	37	76.28	61	43944	57	21991	55	1.6	70	8.4	26
崇义县	120.88	90	17.63	93	2208	28	68309	48	10.86	70	43.33	88	39526	74	17619	89	-19.9	94	7.3	35
会昌县	174.53	74	44.93	38	2712	14	38761	94	11.11	69	78.08	59	38194	83	18521	75	-5.6	87	7.0	36

续表

指标\地区	生产总值(亿元)	全省排名	常住人口(万人)	全省排名	国土面积(平方公里)	全省排名	人均GDP(元)	全省排名	地方一般公共预算收入(亿元)	全省排名	社会消费品零售总额(亿元)	全省排名	城镇居民人均可支配收入(元)	全省排名	农民居民人均可支配收入(元)	全省排名	规模以上工业增加值增速(%)	全省排名	固定资产投资增速(%)	全省排名
定南县	140.27	82	20.85	86	1321	67	66946	51	10.69	72	44.61	86	39395	75	17951	86	6.1	49	7.9	30
寻乌县	156.44	79	27.97	67	2352	25	55851	76	8.17	87	46.93	85	37112	87	19215	65	11.2	22	7.8	31
上犹县	127.97	85	26.69	74	1543	56	47792	87	8.41	86	53.85	78	37910	85	18432	76	3.6	63	8.6	24
宁都县	286.07	39	69.29	18	4049	3	41029	92	10.11	76	133.90	34	35125	95	17938	88	11.0	25	8.9	23
兴国县	253.55	45	70.98	17	3215	5	35609	97	11.22	68	126.15	35	39111	76	18273	78	5.8	50	5.5	61
吉州区	336.22	28	42.64	40	425	87	78876	32	12.30	65	235.11	15	53155	9	26652	16	11.0	23	5.0	73
青原区	176.37	73	25.36	79	915	77	69598	44	8.64	83	167.62	28	51228	19	21742	58	1.4	75	4.9	75

续表

指标\地区	生产总值(亿元)	全省排名	常住人口(万人)	全省排名	国土面积(平方公里)	全省排名	人均GDP(元)	全省排名	地方一般公共预算收入(亿元)	全省排名	社会消费品零售总额(亿元)	全省排名	城镇居民人均可支配收入(元)	全省排名	农民居民人均可支配收入(元)	全省排名	规模以上工业增加值增速(%)	全省排名	固定资产投资增速(%)	全省排名
吉安县	262.92	42	46.51	36	2122	33	65403	53	18.42	33	123.75	38	44756	53	19919	63	13.5	15	6.1	45
吉水县	241.33	49	39.60	42	2507	18	60587	69	14.23	59	81.64	57	42195	64	26033	24	8.4	39	6.0	49
峡江县	114.67	94	14.62	97	1298	68	78030	33	11.52	66	43.16	90	39613	73	20187	61	1.2	76	5.7	54
新干县	229.84	55	27.07	72	1245	72	84426	26	14.53	56	91.77	52	45931	43	25022	36	-3.5	85	5.6	57
永丰县	235.12	52	37.61	45	2710	15	62149	65	15.20	49	75.42	64	44450	55	26271	21	9.0	36	6.7	38
泰和县	248.55	46	44.82	39	2498	19	55210	78	19.08	31	88.08	54	41359	66	23967	45	-22.1	97	6.5	42
遂川县	256.75	43	49.64	31	3101	6	51533	83	13.73	62	100.36	47	38600	80	19010	69	1.6	71	5.7	53

续表

指标\地区	生产总值(亿元)	全省排名	常住人口(万人)	全省排名	国土面积(平方公里)	全省排名	人均GDP(元)	全省排名	地方一般公共预算收入(亿元)	全省排名	社会消费品零售总额(亿元)	全省排名	城镇居民人均可支配收入(元)	全省排名	农民居民人均可支配收入(元)	全省排名	规模以上工业增加值增速(%)	全省排名	固定资产投资增速(%)	全省排名
万安县	150.37	80	23.56	82	2038	35	63472	60	9.02	80	58.21	74	38357	81	18652	73	2.0	69	5.8	51
安福县	207.48	65	31.12	56	2794	13	66296	52	13.18	64	69.56	67	41183	67	23388	48	7.2	47	6.1	46
永新县	172.16	75	37.45	46	2181	29	45687	89	10.13	75	75.83	62	35295	93	18116	83	9.4	33	5.5	58
井冈山市	113.79	95	15.08	96	1447	59	75415	37	9.52	79	25.31	100	48252	32	18834	70	11.7	20	6.5	41
袁州区	592.86	12	113.03	5	2537	17	52234	82	29.38	12	375.59	6	50102	21	22468	51	-7.2	88	-1.6	92
丰城市	730.02	7	102.02	7	2837	12	71218	42	50.05	3	194.62	24	48378	30	26764	15	3.8	61	6.7	39
高安市	628.72	11	71.65	16	2430	22	87378	23	29.29	13	174.76	27	46526	39	25710	33	-1.0	81	6.6	40

续表

指标 地区	生产总值（亿元）	全省排名	常住人口（万人）	全省排名	国土面积（平方公里）	全省排名	人均GDP（元）	全省排名	地方一般公共预算收入（亿元）	全省排名	社会消费品零售总额（亿元）	全省排名	城镇居民人均可支配收入（元）	全省排名	农民居民人均可支配收入（元）	全省排名	规模以上工业增加值增速（%）	全省排名	固定资产投资增速（%）	全省排名
樟树市	457.01	20	46.78	35	1289	69	97096	18	30.63	9	149.43	33	49379	26	25890	28	8.0	41	10.9	15
奉新县	256.44	44	25.98	77	1648	48	98091	17	20.45	25	77.84	60	46083	42	25863	29	3.6	62	10.5	17
万载县	318.33	32	48.52	32	1718	45	65376	54	19.30	30	90.89	53	40815	69	18687	72	8.8	38	10.3	19
上高县	317.36	33	34.14	52	1347	66	92591	21	20.05	26	70.15	66	45928	44	26326	20	5.5	51	5.1	69
宜丰县	223.98	60	24.61	80	1934	40	90272	22	19.41	29	52.01	79	44918	52	23887	47	11.8	19	5.2	64
靖安县	100.58	97	11.89	98	1377	63	84579	25	8.92	81	29.78	98	42690	60	22155	53	7.6	43	5.5	59
铜鼓县	85.74	99	11.26	99	1552	54	75778	36	7.12	95	29.07	99	35841	90	15915	93	10.6	27	10.7	16

续表

指标\地区	生产总值(亿元)	全省排名	常住人口(万人)	全省排名	国土面积(平方公里)	全省排名	人均GDP(元)	全省排名	地方一般公共预算收入(亿元)	全省排名	社会消费品零售总额(亿元)	全省排名	城镇居民人均可支配收入(元)	全省排名	农民居民人均可支配收入(元)	全省排名	规模以上工业增加值增速(%)	全省排名	固定资产投资增速(%)	全省排名
临川区	711.09	8	110.37	6	2126	32	64344	58	14.93	51	261.20	13	56477	7	28873	4	11.5	21	9.8	21
东乡区	236.55	51	37.14	48	1268	70	63294	61	15.89	46	93.80	51	49433	24	26932	14	12.5	18	4.5	78
南城县	207.75	63	27.71	69	1713	46	74595	38	13.88	61	54.30	76	48194	33	26333	18	15.3	13	0.2	89
黎川县	127.26	86	19.68	89	1709	47	64286	59	10.19	74	37.60	93	39056	77	21592	60	10.3	29	5.1	68
南丰县	203.02	66	26.49	75	1913	41	76403	35	9.94	78	48.60	84	44981	51	32675	1	25.6	3	6.0	48
崇仁县	157.05	78	29.16	63	1520	58	53507	80	8.63	84	43.60	87	40608	71	27231	11	10.1	30	8.3	27
乐安县	92.79	98	29.74	62	2411	23	31030	100	6.55	98	58.30	73	33806	100	17137	91	3.4	65	5.5	62

续表

指标 地区	生产总值（亿元）	全省排名	常住人口（万人）	全省排名	国土面积（平方公里）	全省排名	人均GDP（元）	全省排名	地方一般公共预算收入（亿元）	全省排名	社会消费品零售总额（亿元）	全省排名	城镇居民人均可支配收入（元）	全省排名	农村居民人均可支配收入（元）	全省排名	规模以上工业增加值增速（%）	全省排名	固定资产投资增速（%）	全省排名
宜黄县	122.59	89	19.51	90	1937	39	62642	63	7.86	91	41.20	91	38633	79	22095	54	6.6	48	6.9	37
金溪县	129.49	84	24.50	81	1353	65	52578	81	8.11	89	39.60	92	42609	62	23150	50	33.6	1	5.3	63
资溪县	66.73	100	9.30	100	1248	71	71412	41	4.12	100	33.40	95	38055	84	22155	52	-2.7	84	5.6	56
广昌县	118.76	92	19.88	88	1603	51	59470	71	6.24	99	43.20	89	36940	89	18098	84	2.9	68	5.2	66
信州区	461.61	19	54.20	26	316	89	85106	24	22.59	21	264.25	12	52102	17	26462	17	-0.4	79	-13.4	99
广丰区	523.64	16	77.01	13	1377	62	67870	50	34.62	7	179.22	25	52865	12	25823	32	10.7	26	12.6	7
广信区	589.58	13	74.52	15	2232	27	79029	31	24.29	19	228.47	17	40277	72	18263	80	7.4	44	11.5	13

续表

指标 地区	生产总值(亿元)	全省排名	常住人口(万人)	全省排名	国土面积(平方公里)	全省排名	人均GDP(元)	全省排名	地方一般公共预算收入(亿元)	全省排名	社会消费品零售总额(亿元)	全省排名	城镇居民人均可支配收入(元)	全省排名	农民居民人均可支配收入(元)	全省排名	规模以上工业增加值增速(%)	全省排名	固定资产投资增速(%)	全省排名
玉山县	314.23	34	50.24	29	1732	44	62180	64	17.39	40	195.18	23	45305	48	24399	42	10.5	28	12.3	9
铅山县	210.30	62	37.31	47	2178	30	56004	75	16.48	44	100.64	46	36998	88	20179	62	9.6	31	-2.2	93
横峰县	127.15	87	18.26	92	654	84	69415	45	10.65	73	49.09	83	34730	97	18562	74	4.8	54	1.5	87
弋阳县	192.46	68	32.95	53	1574	52	58189	72	14.82	53	82.54	56	45021	50	21935	56	15.9	11	14.5	3
余干县	283.31	40	81.46	12	2350	26	34615	98	14.90	52	124.44	37	35161	94	18209	82	15.0	14	-8.3	95
鄱阳县	372.01	25	114.94	3	4215	2	32218	99	16.57	42	207.64	20	34635	98	18271	79	16.6	8	13.0	6
万年县	227.26	58	34.75	50	1150	73	65102	55	16.06	45	96.34	49	45226	49	21630	59	11.0	24	11.6	12

续表

指标\地区	生产总值（亿元）	全省排名	常住人口（万人）	全省排名	国土面积（平方公里）	全省排名	人均GDP（元）	全省排名	地方一般公共预算收入（亿元）	全省排名	社会消费品零售总额（亿元）	全省排名	城镇居民人均可支配收入（元）	全省排名	农民居民人均可支配收入（元）	全省排名	规模以上工业增加值增速（%）	全省排名	固定资产投资增速（%）	全省排名
婺源县	186.08	69	30.72	57	2968	8	60408	70	11.31	67	96.25	50	37260	86	21773	57	-20.0	95	11.7	71
德兴市	233.27	54	28.74	65	2079	34	80877	30	29.52	11	97.65	48	48370	31	23940	46	18.3	6	12.4	8

注：部分地区为初步统计数据，排名只作参考。

2. 县域经济差异分析

(1) 经济强县

- 全省县域 GDP 平均达到 313.24 亿元,有 97 个县(市、区)生产总值过 100 亿元,67 个过 200 亿元,35 个过 300 亿元,24 个过 400 亿元,17 个过 500 亿元(最高为南昌县:1401.44 亿元)。

- 中郡所 2024 年底发布的《第二十四届县域经济与县域发展监测评价报告》公布了第二十四届全国县域经济基本竞争力百强县、第二十四届全国县域经济和社会综合发展百强县名单。中部地区 18 个县(市、区)入围第二十四届全国县域经济百强县,其中,安徽 4 个、湖北 4 个、湖南 4 个、河南 3 个、江西 2 个(南昌县排第 22 名,贵溪市排第 86 名)。中部地区 25 个县(市、区)入围第二十四届全国县域经济和社会综合发展指数百强县,其中,湖北 8 个、湖南 6 个、安徽 6 个、河南 2 个、江西 2 个(南昌县排第 18 名,贵溪市排第 46 名)。

(2) 各县之间差异

- 经济总量:最高的是南昌县达 1401.44 亿元,最少的资溪县仅 66.73 亿元,前者是后者的 21 倍。
- 规模以上工业增加值增长率:最高的是金溪县 33.6%,最低的是庐山市 -27.3%。
- 社会消费品零售总额:最多的是西湖区 480 亿元,最少的是井冈山市 25.31 亿元,前者是后者的 18.96 倍。
- 固定资产投资年增长率:最高的是瑞昌市 99.6%,最低的是德安县 -13.8%。
- 人均 GDP:最高的是湖口县达 169858 元,最低的是乐安县仅 31030 元,前者是后者的 5.47 倍。
- 城镇居民人均可支配收入:最高的是红谷滩区达 59353 元,最低的是乐安县仅 33806 元,前者是后者的 1.76 倍。
- 农村居民人均可支配收入:最高的是南

丰县达 32675 元，最低的是都昌县仅 15015 元，前者是后者的 2.18 倍。

专题资料篇

专题资料篇

一、中共江西省委十五届六次全会

● 2024年7月29日,中国共产党江西省第十五届委员会第六次全体会议在南昌召开。全会深入学习贯彻党的二十届三中全会精神和习近平总书记考察江西重要讲话精神,听取和讨论了尹弘同志受省委常委会委托作的工作报告,就扎实做好下半年工作进行全面部署。

● 会议指出,党的二十届三中全会,是在以中国式现代化全面推进强国建设、民族复兴伟业的关键时期召开的一次十分重要的会议,鲜明宣示了将改革进行到底的坚定意志,系统擘画了进一步全面深化改革的宏伟蓝图,充分激发了推进中国式现代化的强劲动力。要坚持把学习宣传贯彻党的二十届三中全会精神作为当前和今后一个时期的一项重大政治任务，高举改革开放旗帜，用好关键一招，以进一步全面深化改革的新作为，推动全省各项事业不断取得新进步。

● 要深入学习贯彻党的二十届三中全会精神和习近平总书记考察江西重要讲话精神，聚焦"走在前、勇争先、善作为"的目标要求，以进一步全面深化改革为动力，加快打造"三大高地"、实施"五大战略"，铆足干劲拼劲、全力攻坚克难，坚定不移推动高质量发展，确保完成全年经济社会发展目标任务，奋力谱写中国式现代化江西篇章。

◆ 要加快建设现代化产业体系，积极培育发展新质生产力。做强做大优势主导产业，深化落实制造业重点产业链现代化建设"1269"行动计划，全面推进制造业数字化转型，加快推动产业高端化、智能化、绿色化发展。前瞻布局未来产业，聚焦"未来材料、未来能源、未来生物、未来健康、未来显示、未来航空"六大重点发展领域,努力抢占未来产业发展制高点。提升招商引资质效,持续推进目标化、清单化精准招商,发挥开发区主战场主阵地作用,着力引进一批大项目好项目。深入实施创新驱动发展战略,强化企业创新主体地位,打造更多高水平的科技创新平台,充分调动人才创新创业积极性,推动科技创新和产业创新深度融合。

◆要用足用好国家扩大内需政策,持续释放投资消费潜力。积极扩大有效投资,深入实施项目带动战略"十百千万"工程,聚焦"两重""两新"领域加强项目谋划,加快推进重大项目建设。充分激发消费活力,完善消费品以旧换新政策配套措施,创新消费场景,做旺文旅消费。全面落实推动房地产市场平稳健康发展政策措施,坚持一城一策,去存量、优增量、防风险。全力稳定外贸出口,持续扩大生产型企业出口,大力培育外贸新业态,不断拓展外贸发展新空间。

◆要统筹新型城镇化和乡村全面振兴,加快推进城乡融合发展。扎实推进以县城为载体的新型城镇化,大力实施城市更新行动,提升城市功能品质,壮大县域特色产业,打造更多县域经济强县。深入推进乡村全面振兴,坚决守住不发生规模性返贫的底线,压实耕地保护和粮食安全责任,持续推进农业产业化发展,加快建设"四融一共"宜居宜业和美乡村。

◆要用心用情保障和改善民生,不断提高老区人民生活品质。着力稳定和扩大就业,抓好高校毕业生、农民工、退役军人、城镇困难人员等重点群体就业,促进高质量充分就业。加强公共服务建设,统筹做好教育、医疗、养老、托育、文化等民生保障各项工作。抓好中央生态环保督察反馈问题整改,深化国家生态文明试验区建设,加快推动经济社会发展绿色低碳转型。

◆要更好统筹发展和安全,坚决防范化解重点领域风险。有效防范化解地方政府债务、融资平台、中小金融机构等经济金融领域风险,坚决守住不发生系统性区域性风险的底线。深刻汲取新余"1·24"特大火灾事故教训,切实抓好安全生产各项工作,坚决遏制重特大安全事故发生。大力弘扬新时代"枫桥经验",深入践行"浦江经验",推进矛盾纠纷和信访事项依法就地化解,筑牢社会治安防控体系,切实维护社会大局和谐稳定。

◆要强化"十四五"规划中期评估结果运用,及时解决规划推进中的困难问题,确保完成"十四五"规划目标任务。谋划编制好"十五五"规划,深入开展前期研究,科学系统谋划重大战略任务、重大改革举措、重大工程项目。

◆ 要深入贯彻习近平总书记关于党的建设的重要思想和党的自我革命的重要思想,更加深刻领悟"两个确立"的决定性意义,坚决做到"两个维护",以党的政治建设为统领,全面推进党的各项建设。强化党建引领基层治理,建好建强基层党组织,完善网格化治理平台,持续推进整治形式主义为基层减负。打造高素质专业化干部队伍,旗帜鲜明地为担当者担当、为干事者撑腰、为实干者鼓劲,让广大干部心无旁骛干事创业。巩固拓展党纪学习教育成果,坚定不移整治群众身边的不正之风和腐败问题,保持反腐败斗争高压态势,不断营造和优化风清气正的良好政治生态。

二、中共江西省委十五届七次全会

- 2024年12月27日至28日,中共江西省委十五届七次全体会议在南昌召开。全会听取和讨论了尹弘受省委常委会委托作的工作报告,审议通过了《中共江西省委关于贯彻落实党的二十届三中全会精神,进一步全面深化改革、奋力谱写中国式现代化江西篇章的决定》《中国共产党江西省第十五届委员会第七次全体会议决议》。

- 《决定》锚定2035年与全国同步基本实现社会主义现代化的目标,重点部署未来五年的重大改革任务,注重发挥经济体制改革牵引作用,注重构建支持全面创新体制机制,注重打造国家生态文明建设高地,注重健全保障和改善民生制度体系,注重统筹发展和安全,注重加强党对改革的领导,既突出重点,又兼顾全面,体现时代要求、顺应人民期盼、彰显江西作为,为奋力谱写中国式现代化江西篇章提供强大动力和制度保障。

◆全省进一步全面深化改革的蓝图已经绘就,关键要坚决抓好省委《决定》部署的贯彻落实,聚焦改革任务,细化改革举措,以钉钉子精神推动各项改革落地见效。全省各级党委(党组)要加强改革组织领导,切实扛起全面深化改革的主体责任,有重点、有步骤、有秩序地抓好组织实施;各地既要对照衔接,也要因地制宜,制定务实具体的改革举措,使改革精准对接发展所需和群众所盼;各级主要负责同志要带头当改革的促进派和实干家,认真落实领导干部领衔重大改革项目制度,加强督促指导,强化跟踪问效,确保干一件、成一件。要注重改革方式方法,把握好改革的时度效,坚持系统观念、整体思维,坚持破立并举、先立后破,聚焦经济体制改革等重点领域改革,找准着力点和切入口,增强改革取向的一致性,强化改革举措之间的契合度,善于运用法治思维和法治方式推进改革,提升改革整体效能。要鼓励改革探索创新,进一步解放思想、更新观念,立足工作实际,瞄准突出问题,大胆闯、大胆试、大胆改,加强对重大改革试点的统筹部署,充分尊重群众首创精神,及时总结提炼改革的好经验,通过改革创新破解发展难题、打开工作局面。要营造改革良好氛围,深入宣传和解读省委《决定》精神,大力宣传改革创新的先进典型,多用群众身边的小故事讲好改革的大道理,合理引导改革预期,让广大干部群众真正理解改革、支持改革、投身改革。

◆当前全省经济发展稳的势头有效延续,进的步伐坚定有力,好的因素逐步累积,回升向好的态势持续巩固增强,展现了经济增长的强大韧性和巨大潜力。广大党员干部坚持在事上磨、在干中练,全力以赴拼经济、促发展,创造了不凡成绩,能力本领得到提升,展现了良好的精气神和战斗力。要进一步增强责任感使命感紧迫感,聚焦重点任务,采取有力措施,加快推动明年经济社会高质量发展。要坚定信心、鼓足干劲,充分看到回升向好的良好态势、有力有效的政策支撑、日益充沛的发展动能,保持战略定力,扎实有效做好各项工作,努力实现明年经济社会发展目标任务。要发挥优势、锻造长板,找准发展定位,明确发展抓手,持续巩固提升传统产业竞争优势,集中资源力量做大做强新兴产业,切实找准未来产业细分赛道,更好推动开发区激发活力增强动力,加快培育和打造新的经济增长点。要防范风险、守牢底线,善于见微知著,把握综合平衡,注重标本兼治,以"时时放心不下"的责任感和"事事心中有底"的行动力,扎实做好各领域风险防范化解工作,确保社会大局稳定。各级党员干部都要解决"本领恐慌"问题,跟上时代发展步伐,加快知识更新和储备,提升战略思维能力、政策把握能力、攻坚克难能力、应急处突能力,不断增强把握经济规律、研判经济形势、应对复杂局面的专业化能力。

◆办好江西的事,关键在党,关键在实干。要一以贯之全面加强党的建设,为现代化江西建设提供坚强保障。要充分发挥基层党组织战斗堡垒作用,紧紧抓住党建引领这个关键,增强基层党组织政治功能和组织功能,提高统筹协调能力,有效扩大党的组织和工作覆盖面,健全落实党员作用发挥机制,切实把党的组织优势转化为治理效能。要全面激发干部干事创业积极性,持续强化正向激励,坚持在一线锤炼培养干部,搭建干事创业良好平台,健全完善容错纠错机制,旗帜鲜明地为担当者担当、为负责者负责、为干事者撑腰,最大程度地把广大干部的干事激情调动起来、主观能动性发挥出来。要持之以恒深化作风建设,全面从严加强干部教育管理监督,坚决反对形式主义、官僚主义,强化干部服务意识,全面构建亲清政商关系,一体推进不敢腐、不能腐、不想腐,持续营造和优化良好政治生态。

◆2025年是"十四五"规划收官之年,发展任务艰巨繁重,各种困难挑战仍然不少,但我们有得天独厚的资源禀赋,有"四面逢源"的区位优势,有战略叠加的政策利好,有蓄势待发的强大动能,有担当实干、拼搏进取的干部队伍,只要我们坚定不移沿着习近平总书记指引的方向,团结一切可以团结的力量,调动一切可以调动的资源,勠力同心、不懈奋斗,就一定能够交出高质量发展的优异答卷,齐心协力把江西建设得更加美好。

三、2024年江西经济社会发展主要成绩

● 经济运行持续向好。

◆ 出台实施全面落实国家一揽子增量政策的26条措施。

◆ 地区生产总值增长5.1%。

◆ 规模以上工业增加值增长8.5%。

◆ 固定资产投资增长4.8%,其中民间投资增长3.6%。

◆ 社会消费品零售总额增长4.9%。

◆ 139个"两重"项目列入国家"盘子",更新设备约15万台(套)。

◆ 消费品以旧换新补贴280余万件(辆),惠及消费者150余万人。

◆ 生产型企业进出口占外贸比重78.7%。

◆生产型企业进出口占外贸比重78.7%,机电产品出口占出口比重62.6%,分别提高11.1、11.2个百分点。

● *产业发展量质齐升。*

◆新增铜基新材料、长三角(含江西)大飞机2个国家先进制造业集群,总数达3个。

◆新增3个国家中小企业特色产业集群,总数达13个。

◆新增35家国家级专精特新"小巨人"企业,总数达270家。

◆1家企业获评首批全国质量强国建设领军企业。

◆专精特新中小企业达4162家。

◆高技术制造业、装备制造业增加值分别增长12.5%、13.1%,占规模以上工业比重分别提高到21.7%、33.6%。

◆引进培育数字化服务商800多家,1.02万家企业启动数字化改造。

- ◆新增22家国家级5G工厂,总数达36家。
- ◆新增国家级开发区1家,总数达20家。
- ●科创实力不断增强。
- ◆综合科技创新水平指数达64.52%,提升幅度全国第2。
- ◆太行国家实验室江西创新中心获批建设,全国重点实验室达6家。
- ◆省重点实验室优化重组至172家。
- ◆博士硕士学位授予单位均新增2家,授权点分别新增26个和52个。
- ◆每万人有效发明专利拥有量突破10件。
- ◆5项成果获国家科学技术奖。
- ◆省科技成果转移转化中心挂牌成立。
- ◆技术合同成交额增长62.15%。
- ●改革开放纵深推进。
- ◆全面深化改革十大攻坚行动圆满收官。
- ◆首批18项数字化标准体系和工作规范发布。

◆招投标不见面开标率99%。

◆低风险经营主体"无事不扰"率99.16%。

◆全省国有企业资产总额达12.3万亿元。

◆省级财政对市县财力性转移支付增长26.3%。

◆金融机构本外币存贷款余额均突破6万亿元。

◆在全国首创林权代偿收储担保机制和林业经营收益权证制度。

◆内陆开放型经济试验区建设取得新进展。

●区域城乡协调并进。

◆省市县三级国土空间规划基本完成。

◆新建和改造提升高标准农田360万亩。

◆粮食总产439.2亿斤,连续12年超430亿斤。

◆新增13家国家级农业产业化重点龙头企业,总数达81家。

◆新增1207款农产品入驻高端商超餐厅,

增长6.7倍。

◆累计培育全国名特优新农产品360个,居全国第6。

◆油茶产业产值突破600亿元,居全国第2。

◆宜居村庄整治建设覆盖率达96%。

◆农村危房改造开工率达100%。

◆农村生活污水治理(管控)率达48.3%。

◆改造老旧小区1343个52.54万户。

◆城市生活污水集中收集率提升5个百分点,达68.13%。

●生态优势巩固提升。

◆全省PM2.5平均浓度27微克/立方米,空气优良天数比率95.5%。

◆地表水国考断面水质优良比例97.7%。

◆鄱阳湖区总磷浓度剔除自然因素影响后下降8.5%。

◆生态质量指数居全国第1。

◆国家级"三星零碳工厂"、工业碳达峰"领跑者"企业均实现零的突破。

- ◆在全国率先出台生态资产价值评估管理办法,率先将森林碳汇纳入生态补偿机制。
- ◆获批成立全国首个生态文明领域国家技术标准创新基地(江西绿色生态)。
- ◆武功山入选世界地质公园,篁岭获评国家5A级景区。
- ●风险防控有序有效。
- ◆完善防范化解地方债务风险"1+9"实施方案。
- ◆融资平台数量和存量经营性金融债务实现双压降、高风险债务全面清零,保持全国唯一债券零违约省份。
- ◆出台推动房地产市场平稳健康发展20条措施,保交楼、保交房项目交付率均居全国前列。
- ◆全年生产安全事故起数、死亡人数分别下降8.89%、4.6%。
- ◆刑案发案率降至近十年最低。

◆连续18年获全国平安建设(综治工作)考评优秀省。

●民生保障扎实有力。

◆年初确定的10件民生实事全部兑现。

◆城镇新增就业、新增发放创业担保贷款分别完成年计划的113.4%、256.1%。

◆城镇、农村居民人均可支配收入分别增长4.3%、6.2%。

◆城乡低保、特困人员供养标准连续18年提高,城乡居民养老保险待遇水平稳居中部地区第1。

◆实施居家适老化改造4.4万户,新增社区嵌入式养老院47家。

◆建成区域性中心敬老院377家、城乡老年助餐点7800余个、"一老一小幸福院"698个,每千人口托位数达4.32个。

◆因地制宜优化撤并小规模学校4303所,新改扩建义务教育学校656所、新增学位16.4万个。

◆高考综合改革平稳落地,全省本科招生计划新增2万余个。

◆基本医保参保率稳定在95%以上。

◆长征国家文化公园(江西段)基本建成。

●党和政府自身建设成效明显。

◆扎实开展党纪学习教育,严格落实党员、干部"八小时以外"行为负面清单和政商交往正负面清单。

◆机构改革任务全面完成,行政执法体制改革不断深化,乡镇(街道)机构设置和管理体制更加完善。

◆基本建成覆盖省市县乡的行政执法监督体系。

◆政务服务大厅综合窗口实现省市县乡四级全覆盖。

◆大力整治形式主义为基层减负,"一表同享"改革试点县实现业务表单数量压减62.44%。

四、2025年江西经济社会发展目标及任务

● 以习近平新时代中国特色社会主义思想为指导,深入贯彻党的二十大和二十届二中、三中全会以及中央经济工作会议精神,全面落实习近平总书记考察江西重要讲话精神,按照省委十五届四次、五次、六次、七次全会和省委经济工作会议部署,聚焦"走在前、勇争先、善作为"的目标要求,围绕打造"三大高地",实施"五大战略",坚持稳中求进工作总基调,完整准确全面贯彻新发展理念,加快构建新发展格局,扎实推动高质量发展,进一步全面深化改革,扩大对内对外开放,推动科技创新和产业创新深度融合,

加快建设现代化产业体系,全力扩大有效需求,防范化解重点领域风险,稳定预期、激发活力,推动经济持续回升向好,不断提高人民生活水平,保持社会和谐稳定,高质量完成"十四五"规划目标任务,为实现"十五五"良好开局打牢基础,奋力谱写中国式现代化江西篇章。

◆地区生产总值增长5%左右。

◆规模以上工业增加值增长7.5%左右。

◆固定资产投资增长5%左右。

◆社会消费品零售总额增长5%左右。

◆城镇、农村居民人均可支配收入分别增长5%、6.5%左右。

◆居民消费价格涨幅2%左右。

◆城镇调查失业率5.5%左右。

◆水、空气等主要生态环境指标保持优秀水平,主要污染物排放等指标完成国家下达目标。

●2025年重点做好十方面工作:

◆充分挖掘释放有效需求潜力,促进经济循环畅通。通过扩大有效投资、大力提振消费、推动外贸促稳提质,增强消费对经济发展的基础性作用和投资对优化供给结构的关键作用,全方位扩大有效需求,更好融入和服务新发展格局。

◆坚持以科技创新引领产业创新,加快发展新质生产力。通过一体推进教育科技人才发展、深化实施"1269"行动计划、协同推进数字产业化和产业数字化,强化教育、科技、人才的基础性战略性支撑,推动科技创新和产业创新融合发展。以先进制造业为骨干,加快构建体现江西特色和优势的现代化产业体系。

◆大力推进引领性标志性改革,激发全社会发展活力。通过推动资源要素高效配置、加快打造一流营商环境、激发各类经营主体活力,发挥经济体制改革牵引作用,持续深化重点领域改革,营造更加公平、更有秩序、更具活力的市场环境。

◆ 做好"双向开放、惠通四方"大文章,拓展发展空间。通过对接融入国家战略、稳步扩大制度型开放、提升招商引资质效,全面融入全国统一大市场建设,完善高水平开放体制机制,擦亮内陆开放型经济试验区"金字招牌"。

◆ 扎实推进乡村全面振兴,加快建设宜居宜业和美乡村。守牢粮食安全和不发生规模性返贫致贫底线,加快推进农业强省建设,提高乡村建设治理水平;深入学习运用"千万工程"经验,健全推进乡村全面振兴长效机制,推动农村加快具备现代化生产生活条件。

◆ 促进区域协调发展和新型城镇化,提高发展整体效能。通过落实落细区域协调发展战略、提升城市功能品质、促进城乡融合发展,优化提升生产力布局,加快构建优势互补、高质量发展的区域经济格局。

◆全面推进美丽江西建设,提速打造生态文明建设高地。加强生态环境保护修复、加快经济社会发展全面绿色转型、健全生态产品价值实现机制,深化国家生态文明试验区建设,全面实施打造国家生态文明建设高地三年行动,让美丽中国"江西样板"更有成色。

◆践行以人民为中心的发展思想,切实保障和改善民生。坚持尽力而为、量力而行,通过促进高质量充分就业、健全社会保障体系、深化健康江西建设、繁荣发展赣鄱文化、办好10件民生实事,让改革发展成果更多更公平惠及全体人民。

◆更好统筹发展和安全,加快打造更高水平的平安江西。坚持底线思维、极限思维,持续强化本质安全建设,做好防范化解重点领域风险、加强公共安全治理、推进社会治理创新等工作,以高水平安全保障高质量发展。

◆ 持之以恒推进党和政府自身建设,当好执行者、行动派、实干家。党员干部要永葆政治本色、坚持依法行政、提升行政效能、恪守勤政廉洁;坚持把抓落实作为党政机关最鲜明的底色,增强"时时放心不下"的责任感、提升"事事心中有底"的行动力,努力打造让党放心、人民满意的党政机关。

比较资料篇

一、在全国的位置

1. 全国总体情况(不含港澳台地区)

(1)国家统计局公布的2024年我国主要经济运行数据

- 年末全国总人口:140828万人。其中,城镇常住人口94350万人,常住人口城镇化率为67.0%。
- 国内生产总值:1349084亿元,增长5.0%。
- 三产比重:6.8:36.5:56.7。
- 公共财政预算收入:219702亿元,增长1.3%。其中,税收收入174972亿元,下降3.4%。
- 年末就业人员:73439万人。其中,城镇就业人员47345万人。
- 全年城镇新增就业:1256万人。

● 年末城镇调查失业率:5.1%,与上年持平。

● 全国农民工总量:29973 万人,增长 0.7%。其中,外出农民工 17871 万人,增长 1.2%。

● 粮食总产量:70650 万吨,增产 1.6%。

● 工业增加值:全年全部工业增加值 405442 亿元,增长 5.7%;规模以上工业增加值增长 5.8%。

● 全社会固定资产投资:520916 亿元,增长 3.1%。

◆ 房地产开发投资:100280 亿元,比上年下降 10.6%。

◆ 全年全国配售型保障性住房、保障性租赁住房和公租房等开工建设和筹集 180 万套(间)。

● 全年社会消费品零售总额:483345 亿元,比上年增长 3.5%。

● 全年实物商品网上零售额:127878 亿

元,比上年增长 6.5%。

- 全年货物进出口总额:438468 亿元,比上年增长 5.0%。其中,对共建"一带一路"国家进出口总额 220685 亿元,比上年增长 6.4%。
- 实际使用外资:8263 亿元,下降 27.1%,折 1162 亿美元,下降 28.8%。其中,共建"一带一路"国家(含通过部分自由港对华投资)对华新设外商投资企业 17172 家,增长 23.8%。
- 年末广义货币供应量(M2)余额:313.5 万亿元,比上年末增长 7.3%。
- 全年沪深交易所 A 股累计筹资:4251 亿元,比上年减少 6484 亿元。其中,首次公开发行 A 股 77 只,筹资 622 亿元。
- 全年全国居民人均可支配收入:41314 元,比上年增长 5.3%,扣除价格因素,实际增长 5.1%。

◆城镇居民人均可支配收入 54188 元,比上年增长4.6%,扣除价格因素,实际增长4.4%。

◆农村居民人均可支配收入23119元,比上年增长6.6%,扣除价格因素,实际增长6.3%。

(2)2024年全国国内生产总值构成

指标	绝对额（亿元）	比上年增长（%）
国内生产总值	1349084	5.0
第一产业	91414	3.5
第二产业	492087	5.3
第三产业	765583	5.0

(3)近3年全国国内生产总值及增长速度

年份	2022	2023	2024
国内生产总值(亿元)	1234029	1294272	1349084
比上年增长(%)	3.1	5.4	5.0

(4) 近3年全国公共财政预算收入及增长速度

年份	2022	2023	2024
公共财政预算收入(亿元)	203649	216795	219702
比上年增长(%)	0.5	6.5	1.3

(5) 近3年全国税收收入及增长速度

年份	2022	2023	2024
税收收入(亿元)	166620	181136	174972
比上年增长(%)	-3.5	8.7	-3.4

(6) 近3年全国粮食产量

年份	2022	2023	2024
粮食产量(万吨)	68653	69541	70650

(7) 近 3 年全国全部工业增加值及增长速度

年份	2022	2023	2024
工业增加值(亿元)	388652	392183	405442
比上年增长(%)	2.3	3.8	5.7

(8) 近 3 年全国全社会固定资产投资总额及增长速度

年份	2022	2023	2024
全社会固定资产投资总额(亿元)	495966	509708	520916
比上年增长(%)	4.9	2.8	3.1

(9) 近 3 年全国社会消费品零售总额及增长速度

年份	2022	2023	2024
社会消费品零售总额(亿元)	436449	467098	483345
比上年增长(%)	-0.4	7.0	3.5

(10) 近3年全国广义货币M2供应量余额及增长速度

年份	2022	2023	2024
广义货币M2供应量余额（万亿元）	266.4	292.3	313.5
比上年增长(%)	11.8	9.7	7.3

2. 全国各省情况

(1) 2024年全国各地地区生产总值比较（不含港澳台地区）

地区（按生产总值）	生产总值（亿元）	地区（按生产总值）	生产总值（亿元）
1. 广东	141633.8	7. 湖北	60013.0
2. 江苏	137008.0	8. 福建	57761.0
3. 山东	98565.8	9. 上海 ↑(10)	53926.7
4. 浙江	90131.0	10. 湖南 ↓(9)	53231.0
5. 四川	64697.0	11. 安徽	50625.0
6. 河南	63590.0	12. 北京 ↑(13)	49843.1

续表

地区 (按生产总值)	生产总值 (亿元)	地区 (按生产总值)	生产总值 (亿元)
13. 河北 ↓(12)	47526.9	23. 新疆	20534.1
14. 陕西	35538.8	24. 天津	18024.3
15. 江西	34202.5	25. 黑龙江	16476.9
16. 辽宁 ↑(17)	32612.7	26. 吉林	14361.2
17. 重庆 ↓(16)	32193.2	27. 甘肃	13002.9
18. 云南	31534.1	28. 海南	7935.7
19. 广西	28649.4	29. 宁夏	5502.8
20. 内蒙古 ↑(21)	26314.6	30. 青海	3950.8
21. 山西 ↓(20)	25494.7	31. 西藏	2764.9
22. 贵州	22667.1		

注：表中"↑、↓"为2024年排位变化趋势，( )内数值为2023年排名数。

● 全国四强格局稳定，排名格局略有变化。

广东省、江苏省、山东省、浙江省稳居

前四格局未变。其中,广东省GDP首次突破14万亿元,经济总量连续36年居全国首位;总量列第2位的江苏省GDP首次突破13万亿元;排第3位的山东省GDP超过9万亿元;排第4位的浙江省GDP首次突破9万亿元。

河南省和湖北省GDP首次突破6万亿元;上海市和安徽省GDP首次突破5万亿元,且上海市反超湖南省位居第9位,湖南省排名下滑至第10位;北京市、辽宁省和内蒙古自治区分别反超河北省、重庆市和山西省位居第12、16和20位,河北省、重庆市和山西省排名下滑至第13、17和21位。新疆维吾尔自治区GDP首次突破2万亿元。

海南、宁夏、青海、西藏四省(区)GDP均少于1万亿元,其中西藏最少,仅2764.9亿元。

(2)2024年全国各地地区生产总值增幅及排名比较(不含港澳台)

地区	地区生产总值增幅(%)	地区	地区生产总值增幅(%)
1. 西藏	6.3	11. 福建 ↑(13)	5.5
2. 新疆 ↑(4)	6.1	11. 浙江 ↓(9)	5.5
3. 甘肃 ↑(6)	5.8	13. 宁夏 ↓(5)	5.4
3. 湖北 ↑(9)	5.8	13. 河北 ↑(15)	5.4
3. 内蒙古	5.8	15. 陕西 ↑(26)	5.3
3. 安徽 ↑(13)	5.8	15. 贵州 ↑(21)	5.3
3. 江苏 ↑(13)	5.8	17. 北京 ↑(18)	5.2
8. 山东 ↑(9)	5.7	18. 江西 ↑(29)	5.1
8. 四川 ↑(9)	5.7	18. 河南 ↑(28)	5.1
8. 重庆	5.7	18. 辽宁 ↓(16)	5.1

续表

地区	地区生产总值增幅(%)	地区	地区生产总值增幅(%)
18. 天津 ↑(26)	5.1	27. 广东 ↓(22)	3.5
22. 上海 ↓(19)	5.0	28. 云南 ↓(22)	3.3
23. 湖南 ↑(24)	4.8	29. 黑龙江 ↑(31)	3.2
24. 吉林 ↓(7)	4.3	30. 青海 ↓(16)	2.7
25. 广西 ↑(30)	4.2	31. 山西 ↓(19)	2.3
26. 海南 ↓(2)	3.7		

注:表中"↑、↓"为2024年排位变化趋势,( )内数值为2023年排名数。

● 31个省份GDP全部实现正增长,多数省份GDP增速位于4%至6%这一区间,有22个省份GDP增速高于或持平全国平均增速(5.0%)。

◆ 其中,西藏自治区和新疆维吾尔自治区GDP分别以6.3%和6.1%的增速领跑全国。

(3) 2024 年末全国各地常住人口数比较（不含港澳台）

地区	常住人口数（万人）	地区	常住人口数（万人）
1. 广东	12780	17. 贵州	3860
2. 山东	10080	18. 山西	3446
3. 河南	9785	19. 重庆	3190
4. 江苏	8526	20. 黑龙江	3062
5. 四川	8364	21. 新疆	2623
6. 河北	7393	22. 上海	2480
7. 浙江	6670	23. 甘肃	2458
8. 湖南	6539	24. 内蒙古	2388
9. 安徽	6123	25. 吉林	2317
10. 湖北	5834	26. 北京	2183
11. 广西	5013	27. 天津	1364
12. 云南	4655	28. 海南	1048
13. 江西	4502	29. 宁夏	729
14. 福建	4193	30. 青海	593
15. 辽宁	4155	31. 西藏	370
16. 陕西	3953		

(4) 2024年全国各地一般公共预算收入比较(不含港澳台)

地区	一般公共预算收入(亿元)	地区	一般公共预算收入(亿元)
1. 广东	13533.3	12. 福建	3614.6
2. 江苏	10038.2	13. 山西	3541.7
3. 浙江	8706.0	14. 湖南 ↑(15)	3448.9
4. 上海	8374.2	15. 陕西 ↓(14)	3393.1
5. 山东	7711.5	16. 内蒙古	3150.3
6. 北京	6372.7	17. 江西	3066.6
7. 四川	5635.1	18. 辽宁	2905.8
8. 河南	4398.9	19. 重庆	2595.4
9. 河北	4310.0	20. 新疆 ↑(21)	2408.9
10. 安徽	4041.2	21. 云南 ↓(20)	2193.2
11. 湖北	3937.1	22. 贵州	2169.6

续表

地区	一般公共预算收入(亿元)	地区	一般公共预算收入(亿元)
23. 天津	2133.7	28. 甘肃 ↓(27)	1051.4
24. 广西	1837.3	29. 宁夏	597.8
25. 海南 ↑(28)	1621.6	30. 青海	516.5
26. 黑龙江 ↓(25)	1452.0	31. 西藏	277.2
27. 吉林 ↓(26)	1191.4		

注：表中"↑、↓"为2024年排位变化趋势，()内数值为2023年排名数。

(5) 2024年全国各地城镇居民人均可支配收入比较(不含港澳台)

地区	城镇居民人均可支配收入(元)	地区	城镇居民人均可支配收入(元)
1. 北京	92464	5. 广东	61629
2. 上海	88366	6. 福建	58763
3. 浙江	78251	7. 天津	57705
4. 江苏	66173	8. 西藏 ↑(9)	55444

续表

地区	城镇居民人均可支配收入(元)	地区	城镇居民人均可支配收入(元)
9. 山东 ↓(8)	54062	21. 贵州	44558
10. 湖南	51243	22. 宁夏 ↑(23)	44449
11. 内蒙古	50888	23. 海南 ↓(22)	44307
12. 重庆	49778	24. 广西 ↑(25)	43044
13. 安徽	49539	25. 山西 ↓(24)	43036
14. 辽宁	47982	26. 新疆	42820
15. 江西	47514	27. 青海	42191
16. 四川	47336	28. 河南	42027
17. 湖北	46987	29. 甘肃	41842
18. 陕西	46821	30. 吉林	39157
19. 河北	45610	31. 黑龙江	38212
20. 云南	45312		

注:表中"↑、↓"为2024年排位变化趋势,( )内数值为2023年排名数。

(6) 2024年全国各地农村居民人均可支配收入比较(不含港澳台)

地区	农村居民人均可支配收入(元)	地区	农村居民人均可支配收入(元)
1. 上海	45644	14. 重庆↑(15)	22221
2. 浙江	42786	15. 湖南↓(14)	22204
3. 北京	39856	16. 海南	22146
4. 天津	32715	17. 河北	22022
5. 江苏	32414	18. 西藏↑(21)	21578
6. 福建	28525	19. 河南↓(18)	21330
7. 广东	26729	20. 四川↓(19)	21303
8. 山东	25257	21. 黑龙江↓(20)	20963
9. 辽宁	22744	22. 吉林	20704
10. 江西	22673	23. 广西	19954
11. 湖北	22580	24. 新疆	19427
12. 内蒙古	22543	25. 宁夏	19015
13. 安徽	22507	26. 山西	18741

续表

地区	农村居民人均可支配收入(元)	地区	农村居民人均可支配收入(元)
27. 陕西	18199	30. 贵州	15856
28. 云南	17450	31. 甘肃	14105
29. 青海	16715		

注:表中"↑、↓"为2024年排位变化趋势,()内数值为2023年排名数。

3. 江西与全国比较

(1) 近5年江西生产总值占全国比重

项目	年份	江西	全国	江西占全国比重(%)
生产总值(亿元)	2020	25825.4	1034868	2.50%
	2021	29828.2	1173823	2.54%
	2022	31568.1	1234029	2.56%
	2023	32677.1	1294272	2.52%
	2024	34202.5	1349084	2.54%

(2) 近5年江西生产总值增速与全国比较

项目	年份	江西	全国
生产总值比上年增长(%)	2020	3.8	2.3
	2021	8.9	8.6
	2022	4.3	3.1
	2023	4.2	5.4
	2024	5.1	5.0

(3) 近5年江西人均生产总值与全国比较

项目	年份	江西	全国
人均生产总值(元)	2020	57069	70077.7
	2021	65553	71999.6
	2022	70923	81370
	2023	71216	89358
	2024	75862	95749

(4) 近 5 年江西城乡居民人均可支配收入与全国比较

项目	年份	江西	全国
城镇居民人均可支配收入(元)	2020	38556	43834
	2021	41684	47412
	2022	43697	49283
	2023	45554	51821
	2024	47514	54188
农村居民人均可支配收入(元)	2020	16981	17131
	2021	18931	18684
	2022	19936	20133
	2023	21358	21691
	2024	22673	23119

二、中部六省比较

1. 综合经济(GDP)

● 2024年,江西省增速位列全国后位,经济总量居中部六省第5位的格局仍未改变。按总量由高到低依次为:河南省63590.0亿元(5.1%)、湖北省60013.0亿元(5.8%)、湖南省53231.0亿元(4.8%)、安徽省50625.0亿元(5.8%)、江西省34202.5亿元(5.1%)、山西省25494.7亿元(2.3%)。

2. 地方财政收入

● 2024年,江西省增速居中部六省第5位,总量居中部六省末位。按总量由高到低依次为:河南省4398.9亿元(-2.6%)、安徽省4041.2亿元(2.6%)、湖北省

3937.1亿元(6.6%)、山西省3541.7亿元(1.8%)、湖南省3448.9亿元(2.6%)、江西省3066.6亿元(0.2%)。

3. 全社会固定资产投资

●2024年,江西省增速居中部六省第3位,较上一年提升2位,河南省增速跃居中部六省首位。按增速由高到低依次为:河南省7.0%、湖北省6.5%、江西省4.8%、安徽省4.7%、山西省3.2%、湖南省2.8%。

4. 实际利用外商直接投资

●2024年,江西省总量居中部六省第4位,湖北省总量居中部六省中部首位。按总量由高到低依次为:湖北省19.2亿美元(-29.6%)、安徽省17.4亿美元(-15%)、湖南省10.7亿美元(-25.8%)、江西省7.4亿美元(-42.3%)、河南省7.3亿美元(-57.8%)、山西省6.6亿美元(-48.9%)。

5. 社会消费品零售总额

●2024 年,江西省总量居中部六省第 5 位,增速居中部六省第 4 位。按总量由高到低依次为:河南省 27596.7 亿元(6.1%)、湖北省 25276.7 亿元(5.1%)、安徽省 24087.7 亿元(4.7%)、湖南省 20463.9 亿元(5.4%)、江西省 12821.7 亿元(4.9%)、山西省 8180.5 亿元(2.5%)。

6. 外贸出口

●2024 年,江西省总量居中部六省第 5 位,增速居中部六省末位。按总量由高到低依次为:安徽省 5797.5 亿元(10.8%)、河南省 5227.0 亿元(-1.0%)、湖北省 4863.0 亿元(9.6%)、湖南省 3344.8 亿元(-16.6%)、江西省 3045.5 亿元(-22.5%)、山西省 1065.7 亿元(1.5%)。

7. 城镇居民人均可支配收入

●2024 年,江西省总量居中部六省第 3

位,增速居中部六省第4位。按总量由高到低依次为:湖南省51243元(4.1%)、安徽省49539元(4.4%)、江西省47514元(4.3%)、湖北省46987元(4.4%)、山西省43036元(4.1%)、河南省42027元(4.5%)。

8. 农村居民人均可支配收入

●2024年,江西省总量居中部六省首位,增速居中部六省第3位。按总量由高到低依次为:江西省22673元(6.2%)、湖北省22580元(6.0%)、安徽省22507元(6.4%)、湖南省22204元(6.1%)、河南省21330元(6.4%)、山西省18741元(6.0%)。

后　记

编写《江西省情资料手册》是我校（院）为加强各级领导干部省情教育而开展的一项长期工作。为此，常务副校（院）长李能高度重视，副校（院）长高莉娟对编好手册给予了关心和指导。

本手册的编写均由江西经济社会发展战略研究所的同志承担。在编写过程中，省人民政府办公厅、省发展和改革委员会、省人力资源和社会保障厅、省农业农村厅、省商务厅、省统计局、各设区市统计局和市委党校等有关单位提供了许多宝贵资料，同时得到了校（院）教务处、科研部等有关部门的大力支持，在此一并表示感谢。

本手册编写的具体分工如下：

基本省情篇：杨和平、张扬、高建设、余漫、李林峰；

发展格局篇：李维、花晨；

专题资料篇：罗家为；

比较资料篇：王怡琴；

统稿：曾光；

全书最终审定：高莉娟。

编者
2025 年 4 月